教學指引

全新版

華語

第五冊

業股份有限公司
http://www.chlearn.com

編輯大意

一、本指引依據華語課本分冊編輯，共十二冊，供教師教學參考之用。

二、本指引體例分為兩部分：

㈠單元導讀：在教學指引增列單元導讀，以感性的筆調，引導進入大單元的核心。

㈡各課教學指引包括：

1. **聆聽與說話**：以趣味的遊戲帶動孩子學習語文的興趣；再以課文情境圖讓兒童練習說話，最後過渡到概覽課本。

2. **閱讀與識字**：讓學生提出詞語，進行詞義、字形的教學。

3. **閱讀與寫作**：藉著課文的深究，對話的練習，形式的深究，讓學生明白句子的結構，文章的結構。

4. **教學資料庫**：提供了習作解答參考，及相關的語文補充資料，供教師參酌使用。

三、本書所提供的教學流程與方法，只作示例參考；教師可掌握教材內容及意旨，並根據當地學生年齡、程度、學生學習時間做調整。

四、本書的國字注意依據教育部編印的「國語一字多音審訂表」，筆順則依據教育部編印的「常用國字標準字體筆順手冊」編輯而成。

五、本書如有疏漏之處，尚祈各校教師提供寶貴意見，俾供修訂時參考，謝謝您。

全新版華語教學指引　第五冊

第一單元　改變

第二單元　快樂

總說

第一單元 改變

人的思想、行爲、生活一直在改變。改變，有時會使事情變得更好，有時會使事情變得更壞。本單元，當然是希望小朋友透過閱讀有關「改變」的故事，使人明白好的改變對人的幫助。

第一課「紅番茄」說明：人有時候想改變，如果沒有適當的機緣或環境，改變很難有功效。麻雀，是改變的「契機」。第二課「眞心話」說明：人的改變，一定要出自眞心，而且，不必在意別人的想法；改變才會有希望。第三課「都皮先生的小羊」說明：人碰到最壞的狀況，改變想法，是最好的良方，助人走出黑暗。

改變要有適當的環境，要出自內心，到最不得已時，改變想法，是尋找光明的良好出口。

一、紅番茄

教材說明

1.本課文體是記敘文。用一個兒童生活、學習中最容易遭遇到的困境，提出一個改變的方法；面對空曠的空間大叫，果然解決了問題。

2.課文除了符合生活經驗外，文學性也很高。

教學重點

1.本篇文章的結構採取三步驟：一、困難，二、助力，三、再努力。如果小朋友仿作，也可以找一個「困難」的問題，再提出遇到的助力，以及結論。

2.本文用類疊句來加強文章的語氣和情感。

3.頂眞法修辭：「他想告訴麻雀，麻雀飛走了……。」

4.練習並列句：「不管……不管」「越……越」及轉折句：「仍然……」等句型。

5.在語文活動中介紹冒號、引號。

6.習作中有用「交」爲聲符的形聲字。

7.習作中有多音字：「漲」、「幾」的分辨。

教學建議

1.教學指引中的語文遊戲：水果跳出來，可增加學生的詞彙。

2.教學指引中有四個生字的字謎。猜字謎的規則是用：加法——字加字；減法——字減字；加減法——有時字加字，有時字減字；替代法——部分字用別的字代替。

二、眞心話

教材說明

1.本課文體是記敘文。故事敘述一個愛吹牛的吹牛貝，爲了自己的眞愛，改變了自己的壞習慣。虛構的海底動物，有很濃的人性，故事感人。

2.文章分四段：從平鋪直敘到接上文說明，再轉折到尋出新方法，最後留下讓人思索的結局。文簡情深。

教學重點

1.指導學生學習說眞心話的可貴。

2.可以讓學生討論：吹牛貝說出眞心話後的結局。討論後，其實可以續寫，美麗貝的反應，吹牛貝是否再遇困難？如何解決？如何尋找助力？結局如何？最後再訂題目。

3.本課文章的修辭法有類疊句，老師可讓學生在續寫作文時嘗試使用。

4.本課中有二個重要的複句，一個是因果句：「因爲……所以……」。一個是轉折句：「儘管……還……」。

5.習作中有和「胡」有關的形聲字，可以幫助學生大量認識詞語。

6.語文活動中，有頓號的簡介和練習。

7.人和入寫法不同，相關的詞語頗有趣味，可以在習作中練習。

教學建議

1.教學資料庫中有六個字謎，可做爲語文遊戲之用。

2.和「入」有關的成語：入木三分，可在教學資料庫中找到。

三、都皮先生的小羊

教材說明

1.本課的文體是記敘文。文章中敘述一位牧羊人走失羊隻，從悲傷的心情轉折到開朗心情的經過。

2.文章用嘆氣這個主軸來貫穿全文。開始是：嘆氣的「事實」，接著說明嘆氣的「原因」，文章在第三段出現變化，那就是要：改變嘆氣的「想法」，最後出現了好的「結果」。嘆氣，表示不好的心情。

教學重點

1.在語文遊戲中有相反詞的比賽，剛好對這個單元的詞語有一個複習。

2.這三課語文的對話，不但配合課文的主題，對話中充滿幽默的喜感。

3.語文活動中介紹名詞。有關動物、植物、地方、時間、空間以及抽象的名詞。

4.在習作中有多音字的練習，用上下文的理解方式，幫助孩子理解。

5.習作中有重疊句和類句的練習。

6.習作中也讓學生辨別：他、她、牠、它的不同。

7.習作中有「咼」和「炎」字爲聲符的詞語，幫助學生學習更多的詞語。

教學建議

1.教學資料庫中有繞口令：蔣家羊。透過趣味的練習，可增加學生的專注力和口語表達力。

2.語文補充中有六個猜字謎。

第一課 紅番茄

一、聆聽與說話

引起動機

㈠語文遊戲：水果跳出來

1.將學生依適當比例分組。

2.給予每一組學生一張白紙。

3.給學生五分鐘的時間共同討論，並寫下水果的名稱，不會寫的字可以注音。

4.開始分組比賽，請學生輪流說出水果的名稱，老師即刻畫出或寫出水果的名稱。

5.寫出水果名最多者，該組獲勝。

6.教師領導學生口頭練習一次所有水果的名稱。（例如：番茄、蘋果、香瓜、西瓜、木瓜、番石榴、柳丁……等。）

講述大意

㈠概覽課文：以默讀方式快速瀏覽課文一遍。

㈡提問以歸納大意：利用問題，指導學生歸納每一個自然段的段意。

1.力力念書的情形怎樣？

2.力力爲什麼被同學笑他是紅番茄？

3.麻雀在林裡陪力力做什麼？

4.力力成功了嗎？

㈢內容大意：綜合各段的段落意思，說出全課的內容大意。

力力念書的聲音小，臉因此漲得像紅番茄一樣，同學笑他是「紅番茄」。力力跑到樹林和麻雀一起比賽，看誰的聲音大。力力念書聲音變大了，但是麻雀卻飛走了。

二、閱讀與識字

詞語教學

㈠學生課前預習，畫出新詞，並查字典，了解新詞的意思。

㈡學生上課時提出新詞，老師請學生試念，並指導正確的發音和寫法。

㈢教師詢問學生對詞語的了解，若有特殊的生字，也加以指導。

㈣本課詞語指導：

1.番茄：蔬菜類。果實有圓形或長橢圓形，顏色有黃、綠色。綠色成熟後會變成紅色，味道酸中帶甜。「番」，指外國或本區以外的民族。例如番人。

例句：番茄是義大利人最喜歡的食物。

引導：番茄可以再製成什麼食物？（番茄汁、番茄醬、番茄牛肉麵、番茄炒蛋、番茄蛋花湯……）

2.年級：學校依照學生年齡或程度安排的一種方法。「級」，等級、階段、年級、級任、級會。

例句：你妹妹是幾年級的學生？

3.幾乎：很接近，差不多的意思？

例句：我幾乎認不出你來了。

4.不管：不論的意思。

例句：不管你有多少錢，也買不到青春。

5.漲：充滿了。

例句：妹妹回答不出問題，害羞的臉漲紅了。

6.並且：表示平排在一起或是更進一層的連接詞。

例句：他不但不安靜，並且大吵大鬧。

7.別哭：不要哭的意思。「別」，不要的意思。和別有關的詞語：別名、別字、別針、別墅、別離、別有用心、別開生面。

例句：你就別哭了，媽媽馬上回來。

8.比賽：比一比好壞、快慢的活動。

例句：比賽賽跑是小朋友最喜歡的活動。

9. 比較：用兩種或兩種以上的事物比出不同或高下的意思。

例句：我們班上誰的文章比較好呢？

10. 越……越：更加的意思。

例句：下雪了，天氣越來越冷。

11. 仍然：還是，和以前一樣。

例句：經過很多次失敗，他仍然努力練習。

12. 樹葉：植物管呼吸、蒸發作用的器官。

例句：楓樹的樹葉秋天就會轉紅。

生字教學

1. 學生課前預查字音、字義、部首。並寫在A本習作上。

2. 本課生字：

①習寫字：

番（田）部　茄（艸）部　級（糸）部　乎（丿）部　管（竹）部　漲（水）部

並（一）部　且（一）部　別（刀）部　賽（貝）部　越（走）部　仍（人）部

葉（艸）部

②認讀字：

較（車）部

3.辨別特殊生字：

①「番」和「蕃」，有時可以通用。如番茄、番薯。但如果是指植物茂盛，繁衍生長，如蕃蕃，就不可用「番」。

②「茄」，下面是「加」字，不是「切」字。

③「乎」，幾乎、在乎。「呼」，呼吸。

④「漲」和「脹」的區別：漲和脹有膨大的意思。水部的漲有湧起的意思，肉部的脹，比較屬於身體部分的膨大。例如：膨脹、腫脹、肚子脹。

4.字形的結構說明：

①正方形的字：番、並。

②長方形的字：且、乎、賽。

三、閱讀與寫作

內容深究

(一)提出問題，師生共同討論。

1.文章理解的問題，參考前面的「歸納大意」的問題。

2.情意擴展的問題。

①如果你是力力，別人笑你時，你會怎樣？

②你曾經像麻雀一樣幫助別人嗎？你怎麼做？

③如果你的好朋友離開了，你會怎樣？

3.文意探索的問題。

①力力的困難是什麼？

②作者創造了小麻雀來幫助他，你喜歡嗎？如果你可以創造「人」或「物」來幫助你，你會怎麼安排？

③力力成功以後發生了什麼事？這樣的安排有必要嗎？

形式深究

(一)文體說明：

本課的文體是記敘文。描述力力的困難和他如何解決困難的故事。

(二)段落安排：

1.第一段：力力念書聲音小，臉漲得像番茄，同學叫他紅番茄。

2.第二段：麻雀和力力每天在林子裡比賽念書。

3.第三段：力力成功了，卻仍然在林子裡念書。

㈢ 結構分析：

主文
- 先說：力力的性格。
- 再說：力力遇到了助力。
- 結尾：成功仍需努力。

文章的文字內容很少，選材很簡單，故事卻很有張力。從困難，到出現助力，再到持續努力，故事可以說是高潮未歇，而且結尾餘韻繚繞，讓人回味無窮。

㈣ 主旨說明：

作者藉著小孩很容易發生的問題，發展了一個很溫馨，有些神奇的故事。這個故事告訴大家：經過練習，比較容易成功。

㈤ 修辭說明：

1. 類疊法修辭：相同的句子重複一次，加強了句子的情感和強度。

類句法表達，例如：「大聲一點，大聲一點」、「越念越大聲，越念越大聲」。

疊句表達法：「不管」他怎麼用力，「不管」他怎麼用心。

2. 頂真法修辭：頂真法又叫頂針法。當一個句子的結尾出現了詞語、短語或句子，下一個句子在句首重複的出現：好像針尾一定接線的做法一樣。

頂眞法：他想告訴麻雀，麻雀飛走了，力力仍然在林子裡和風和樹葉比賽……。

3. 並列句：

「不管……不管……」：不管他怎麼用力，不管他怎麼用心，大家還是聽不到他的聲音。

「越……越……」：力力在林子裡念書，越念越大聲。

他越是用力，繩子就綑得越緊。

4. 轉折句：

「……仍然……」：麻雀飛走了，力力仍然在林子裡和風和樹葉比賽。

他哭得很大聲，媽媽仍然做她自己的事。

5. 遞進句：

「……並且……」：同學笑他，並且叫他紅番茄。

他不僅會讀書，並且有禮貌。

6. 介紹冒號、引號。

7. 用「交」爲聲符的形聲字。例如：「咬」住、「茭」白荀、「蛟」龍、摔「跤」、「郊」外、「鮫」魚、學「校」、水「餃」。

四、教學資料庫

語文補充

㈠ 猜字謎：

1. 加州的草（茄）
2. 彩色的田少三根斜草（番）
3. 竹林下坐著大官（管）
4. 張家的水（漲）

㈡ 多音字：

漲
- ㄓㄤˋ 體積變大，物體湧起。例如：熱漲冷縮、臉漲紅了。
- ㄓㄤˇ 標準線增高。例如：漲價、漲潮。

幾
- ㄐㄧˇ 多少的意思。例如：幾何？幾人？
- ㄐㄧ 差不多的意思。例如：幾近、幾乎。

㈢ 形近字：

ㄅㄧˋ 庇——庇護（特別的保護）。

比

- ㄆㄧˊ 枇──枇杷（水果名）。
- ㄆㄧˊ 琵──琵琶（古代的樂器）。
- ㄆㄧ 批──批改（改出別人的錯）。
- ㄆㄧˋ 屁──放屁（身體排放臭氣）。
- ㄅㄧˋ 陛──陛下（對皇帝的尊稱）。
- ㄆㄧˊ 毗──毗鄰（住家連在一起）。
- ㄆㄧˋ 媲──媲美（比美的意思）。
- ㄆㄧ 紕──紕漏（做出很大的錯事）。

㈣ 詩歌欣賞：中國兒歌

什麼葉子尖？
什麼葉子圓？
什麼葉子像把扇？
什麼葉呀針樣細？
什麼葉呀浮水面？
柳葉尖，
楊葉圓，
芭蕉葉像小把扇，

松樹葉尖針葉細，
荷葉飄浮水面。

(五) 成語介紹：葉公好龍
傳說古代有個葉公非常愛龍，器物上、房屋上到處畫龍、刻龍。真龍知道了，就跑到葉公家，哪裡知道葉公一見真龍，拔腿就跑。這個成語是比喻人喜歡做假，表面一套，真實的情形卻不是如此。

解答參考

(一) A本習作解答參考：
1. (1)這幾天他太累了，幾乎天天做惡夢。
(2)這是客戶最重要的要求。
(3)這一塊空地幾乎什麼都沒種，空空的好可惜。
2. (2)∨ (4)∨ (5)∨ (6)∨

(二) B本習作解答參考：
1. (1)別叫。叫冊。別離。
(2)水管。管線。三不管地帶。
(3)漲紅了臉。漲漲停停。漲價。

(4)賽前賽後。賽跑。競賽。

(5)枝葉。金枝玉葉。落葉歸根。

2.

(1)機　(2)譏　(3)幾　(4)磯　(5)賽　(6)塞　(7)寒

3.

(1)他越是想表現，越是把事情做糟了。

(2)不管天有多黑，也不管雨有多大，他仍然出門去爬山。

(3)他教我讀書，並且教我畫圖。

第二課 真心話

一、聆聽與說話

引起動機

㈠語文遊戲：海底動物總動員

1.將學生分成紅、白二組。（若學生數較多，可多分幾組）

2.兩組開始口頭競賽，提出海底的動物名稱。

3.重複或提不出者，敗出。

㈡語文對話：複習小小相聲——比賽。

學生不一定全部對話，亦可採取同一個角色有二、三個人扮演之。

講述大意

㈠概覽課文：以默讀方式快速瀏覽課文一遍。

㈡提問以歸納大意：利用問題，指導學生歸納每一個自然段的段意。

1. 吹牛貝的名字是怎麼來的？
2. 發生了什麼事，吹牛貝對自己的行爲開始後悔？
3. 吹牛貝如何解決自己的問題？
4. 吹牛貝的心意可以完成嗎？

㈢ 內容大意：綜合各段的段落意思，說出全課的內容大意。

大海裡住著一個喜歡胡說八道的吹牛貝。吹牛貝遇上美麗貝，害怕美麗貝不相信他的眞心話。吹牛貝潛入海底，不斷的說眞心話，眞心話變成水泡，美麗貝知道了，會相信嗎？

二、閱讀與識字

詞語教學

㈠ 學生課前預習，畫出新詞，並查字典，了解新詞的意思。

㈡ 學生上課時提出新詞，老師請學生試念，並指導正確的發音和寫法。

㈢ 教師詢問學生對詞語的了解，若有特殊的生字，也加以指導。

㈣ 本課詞語指導：

1. 從前：以前。

例句：他從前是個小偷，現在已改過自新了。

2.大海：靠近陸地的大洋。

例句：大海使人的心情變得開朗。

3.最：十分，非常，無比的。

例句：他最勇敢，深入火場救人。

4.胡說八道：隨便說話。

例句：胡說八道的人，讓大家不敢相信他。

5.不敢：害怕不去做。

例句：我不敢從高空看下面的東西。

6.總是：一直都是；老是。

例句：你總是不說眞心話，有一天你會後悔。

7.潛入：游進水面以下，躲到暗處不讓人知道。

例句：間諜潛入地下，從事偷取情報的工作。

8.儘管：雖然是這樣。

例句：儘管他生病，他還是到學校上課。

9.暗暗的：自己偷偷的想法或行動，不想讓別人知道。

例句：老師發成績單，我心中暗暗叫苦。

10.躲在：把自己藏起來，讓人家看不到。

例句：小偷躲在衣櫃裡，等到無人才出來偷東西。

11. 角落：牆和牆相接的小地方。

例句：他躲在暗暗的角落，偷偷的哭泣。

12. 變成：改成另一種樣子。

例句：毛毛蟲變成蝴蝶，讓人好喜歡。

13. 水滴：小水珠。

例句：水滴滴答滴答的落下來，聽起來很美妙。

14. 意會：心中明白。

例句：這首詩的趣味只能意會不能言傳。

15. 心聲：心裡的話，眞心話。

例句：大人要耐心的聽聽小孩的心聲。

生字教學

1. 學生課前預習字音、字義、部首。並寫在A本習作上。
2. 本課生字：

①習寫字：

從（彳）部　海（水）部　胡（肉）部　敢（攴）部　總（糸）部

信（人）部　縱（糸）部　潛（水）部　入（入）部　躲（身）部

暗（日）部　角（角）部　落（艸）部　成（戈）部

②認讀字：

滴（水）部　傳（人）部

3.辨別特殊生字：

①「總」字，「囪」內部是一撇一捺。

②「入」與「人」寫法接近。人是「」人側立的樣子。入是一個「指事字」，指一種概念，用「」的符號來表示。

③敢，是一種強而有力的心理作爲。例如：勇敢、敢死隊。

趕，是趕快、趕路、趕走，是一種實際的行動。

④潛，只能讀ㄑㄧㄢˊ，不可讀ㄑㄧㄢˇ。

4.字形的結構說明：

①□左小右大：從、海、信、潛、暗、總。

②□左右均分：胡、敢、躲。

三、閱讀與寫作

內容深究

㈠提出問題，師生共同討論。

1.文章理解的問題，參考前面的「歸納大意」的問題。

2.情意擴展的問題。

①你有吹牛的經驗嗎？請你說一說。

②吹牛後的感覺如何呢？

③你如何看待一個吹牛的人呢？

3.文意探索的問題。

①作者創造的吹牛貝，是個什麼性格的角色？

②吹牛貝發生的故事，有引人好奇的效果嗎？

③如果你是吹牛貝，你會有不一樣的作爲嗎？

④故事的結局是確定的嗎？你認爲什麼樣的結局比較好？

形式深究

㈠文體說明：

本課的文體是記敘文。敘述主角吹牛貝的性格和遭遇到的故事，及未完成的結局。

㈡ 段落安排：

1.第一段：吹牛貝喜歡胡說八道。

2.第二段：吹牛貝喜歡美麗貝，但是不敢說，怕美麗貝不相信他。

3.第三段：吹牛貝只好潛入海底，悄悄說出眞心話。

4.第四段：美麗貝可以了解吹牛貝的心聲嗎？

主文
- 先說：主角的性格。
- 接著說：主角遭遇的事件。
- 再說：主角的作爲。
- 結尾：懸宕的結局。

㈢ 結論分析：

這是一個虛設的小故事。藉著一個人性常見的性格，引出一段故事，作者雖然替主角尋出「作爲」，但並未說明結果如何，留給讀者去探索、去解讀。

整個故事的發展，從事件發生，到進入高潮——遇見心喜的人；轉折到有作爲，但不知結果。文學性極佳，字少味深，提供極大詮釋、探索的空間。

㈣ 主旨說明：

作者虛擬一個人性中極常見的故事，提供讀者去討論眞心話的相關話題。勉強找出作者本文中的主旨，也許是說：眞話很重要吧！

㈤ 修辭說明：

1. 類疊法修辭：重複三次說出：我喜歡你。表達作者強烈的情緒。
2. 摹聲法：發亮的水滴變成了啵！有聲的泡泡。啵啵的聲音，在文中既是水泡聲，也隱含吹牛貝的心聲。
3. 因果句：

   「因爲……所以……」：因爲他最喜歡胡說八道，所以大家叫他吹牛貝。
   因爲她喜歡安靜，所以常常一個人去看大海。
4. 轉折句：

   「儘管……還……」：儘管我說出眞心話，她還會相信我嗎？
5. 介紹頓號。
6. 十加口是古。古加月是胡。和「胡」有關的形聲字：湖、鬍、蝴、葫、糊、瑚。

四、教學資料庫

語文補充

㈠ 猜字謎：

1.每一滴水（海）

2.鏡中人（入）

3.盡力的人（儘）

4.站立三天（暗）

5.洛陽的草（落）

6.適合的水流走了（滴）

㈡ 多音字：

從	ㄘㄨㄥˊ	服從、從來、從此、從軍、從事。
	ㄘㄨㄥ	從容不迫。
	ㄗㄨㄥˋ	侍從。

㈢ 象形字：角

，是按照動物的角所描畫成的象形字。外面是獸角的形狀，裡面是獸角的紋路。寫上，是加上了角。角部的字都和「角」有關。例如：「解」析，用刀將牛角分開；「觥」，犀牛角製成的酒杯。

㈣ 小笑話：成功

老師：「『失敗爲成功之母』是什麼意思？」學生：「我知道，有失敗的母親，才會有成功的兒子。」

㈤ 俏皮話：

「小『胡』同趕豬——直來直去」

北方人稱巷子爲胡同。豬在很小的巷子裡，沒辦法轉過身來往回跑。這句話比喻人說話直截了當，做事簡單乾脆。

㈥ 成語介紹：入木三分

傳說晉朝王羲之筆法有力，在木板上寫字，木工刻字時發現墨跡透入木板有三分深。以後，對書法寫得好，圖畫得好，或把事情說得好，表演得好，都可以用「入木三分」來形容。例句：他演吹牛貝的神情，入木三分令人讚嘆！

㈦童詩欣賞：

小水滴　杜坤陽

小水滴，
在我身上溜滑梯；
小水滴，
把我身體洗一洗；
小水滴，
最後你會去哪裡？

解答參考

㈠語文活動解答參考：

1.：。　2.「！」　3.，「　」　4.：「，。」　5.「　」？　6.：「　」

㈡A本習作解答參考：

1.⑴葫　⑵湖　⑶糊　⑷鬍　⑸瑚。

2.⑴因爲人生是很短的，所以有人要及時行樂。
⑵儘管你已經學會說中文了，還是要每天多練習。
⑶他變成一個人見人愛的好小孩。

(4)你總是忘東忘西，想辦法記住吧！

㈢

B習作參考解答：

1.
(1)潛水。潛入。潛力。潛心向學。潛藏。
(2)潛入。走入。滑入。買入。爬入。掉入。
(3)黑暗。暗夜。暗地。暗房。暗香。
(4)落水。落花生。花落。掉落。落水狗。
(5)成人。成全。成衣。成名。成天。成爲。
(6)從前。跟從。服從。聽從。順從。從事。

2.
(1)因爲他愛吹牛。
(2)因爲他害怕不再有人會相信他的話。
(3)不會相信。因爲平常他總是愛吹牛，從沒說出過一句眞心話。

3.
(1)紅人　(2)狼人　(3)黏人　(4)嚇人　(5)深入　(6)轉入　(7)投入　(8)落入。

第三課 都皮先生的小羊

一、聆聽與說話

引起動機

㈠ 語文遊戲：相反詞大賽

1. 教師準備一些詞語，視時間與學生數提出。
大聲↔小聲。哭↔笑。成功↔失敗。
喜歡↔討厭。真話↔假話。暗暗的↔亮亮的。
潛入↔鑽出。海底↔海面。出去↔進來。
2. 將學生分組，並發紙張給各組，小組集體討論。
3. 揭示答案，答最多者獲勝。

㈡ 語文對話：複習小小劇場——真心話。

講述大意

㈠ 概覽課文：以默讀方式快速瀏覽課文一遍。

㈡提問以歸納大意：利用問題，指導學生歸納每一個自然段的段意。

1.都皮先生老是在做什麼？

2.都皮先生爲什麼想哭呢？

3.都皮先生爲什麼對著雲朵叫？

4.都皮先生的心情變好了嗎？爲什麼？

㈢內容大意：綜合各段的段落意思，說出全課的內容大意。

都皮先生在嘆氣，因爲他的小羊和他感情很好，但是走失了。都皮太太認爲天上的雲，就是走失的小羊，都皮先生也這樣想，心情就變好了。

二、閱讀與識字

詞語教學

㈠學生課前預習，畫出新詞，並查字典，了解新詞的意思。

㈡學生上課時提出新詞，老師請學生試念，並指導正確的發音和寫法。

㈢教師詢問學生對詞語的了解，若有特殊的生字，也加以指導。

㈣本課詞語指導：

1.羊：一種吃草的哺乳動物，一般頭上有一對角。

例句：羊是一種溫和的動物。

引導：你知道有哪些羊？（山羊、綿羊、羚羊、羔羊……）

2.嘆口氣：心裡不痛快，吐出了長長的一口氣。

例句：他一面嘆口氣，一面喝了一口茶。

引導：誰在什麼時候因爲什麼事會嘆氣？

3.窗外：窗是牆上開口用來通氣透光的東西。窗外，就是窗戶以外。

例句：窗外的藍天白雲，吸引我們的目光。

4.走失：失，丟掉；找不到。走失，就是走出去，找不到的意思。

例句：他心愛的小狗走失了

5.永遠：長久的意思。

例句：永遠不會改變的是眞理。

引導：小朋友，花開了會謝，人老了會死，你認爲有什麼東西可以永遠保持不變，爲什麼？（例如：木乃伊、友誼、誠實……）

6.卷毛：波浪形而有彎曲的毛。

例句：他雖然是個男生，卻有一頭卷毛，看起來眞可愛。

引導：什麼東西可以卷起來？（卷紙、卷畫、卷髮、卷鬚、捲舌……）

7.胖胖的：肥肥的，有很多脂肪，很多肉。

例句：胖胖的綿羊，像是天上的雲朵。

8.更：加深、加重的意思。

例句：你要更加努力，才能得到更好的成績。

9.難忘：不能夠忘記。

例句：這次上臺表演，是我一生最難忘的經驗。

10.談天：人在一起互相說一些不重要的話。

例句：爺爺最喜歡和老朋友一起喝茶、談天和說笑。

11.也許：可能是。

例句：他沒來上課，可能是生病了。

12.祝福：祝別人平安幸福。

例句：朋友要遠行了，他寫了一幅對聯祝福他。

13.回答：對別人的話做出回應。

例句：這是詩人回答別人所寫的一首詩。

14.白羊座：十二星座中的一種星座，是一隻身披金羊毛的雄性綿羊。從星座看性格，可以知道白羊座的人衝動、愛冒險、脾氣不好。他們做事不拘小節，不拖泥帶水，有一點自私。

生字教學

1.學生課前預查字音、字義、部首。並寫在A本習作上。

2.本課生字：

①習寫字：

羊（羊）部　嘆（口）部　窗（穴）部　失（大）部　永（水）部

卷（卩）部　胖（肉）部　更（曰）部　難（隹）部　談（言）部

許（言）部　福（示）部　答（竹）部　座（广）部

3.辨別特殊生字：

①窗：「囱」，內部是一小撇一捺，不是「夕」。和「囱」有關的字，如聰、蔥，都是一樣的寫法。

②卷卷的毛，有彎曲的意思，可以寫成捲毛。「卷」和「捲」可以通用。但考卷（ㄐㄩㄢˋ）、公文卷（ㄐㄩㄢˋ）不可以用「捲」。

③「胖」字是肉部，寫的時候和「月」不同。如果猜字謎，半塊肉，可以猜「胖」，但半個月亮，就不對了。

4.字形的結構說明：

①□□：嘆、吹、晴、喊。

②□□：加、肚、如。

三、閱讀與寫作

內容深究

(一)提出問題，師生共同討論。

1.文章理解的問題，參考前面的「歸納大意」的問題。

2.情意擴展的問題。

①都皮先生失去了他心愛的小羊，你有沒有失去你珍愛的人或物呢？當時你的感覺怎樣呢？

②怎樣用不同的想法，使自己變得快樂，你有過這樣的經驗嗎？

③如果你是都皮先生，你認爲明天的天氣如何？

3.文意探索的問題。

①都皮先生老是在嘆氣，如果是你，可以把嘆氣改成什麼事呢？

②都皮先生記得小羊的模樣，和跟牠在一起的情形，如果你是作者，你還會寫有關小羊的什麼事呢？

③作者用問號，沒有寫出固定的答案。如果問號改成驚嘆號，你認爲好嗎？爲什麼？

形式深究

(一)文體說明：

本課的文體是記敘文。敘述都皮先生走失了小羊，從嘆氣到看到明天好天氣的心情轉折歷程。

㈡段落安排：

1.第一段：最近都皮先生老是在嘆氣。

2.第二段：都皮先生想起他和小羊一起的情形。

3.第三段：都皮太太把天上的雲朵當成是小羊。

4.第四段：都皮先生看到白羊座的小星星。

㈢結構分析：

主文
- （起）先說—嘆氣的事實。
- （承）接說—嘆氣的原因。
- （轉）再說—改變嘆氣的想法。
- （合）結尾—改變嘆氣的結果。

作者用倒裝的敘述方式，指出都皮先生嘆氣的事實，再加上類疊的修辭法，使文章一開始就激發人的情感。接著從回憶到改變觀念到心情變好，鋪陳了一個想像力豐富，文學性強，非常耐人尋味的故事。

㈣ 主旨說明：

作者用「走失羊」的故事，告訴讀者，改變想法就可以改變心情。

㈤ 修辭說明：

1. 倒裝句法：第一段原來是總，分，分，分的句子，變成分，分，分，總的句子，使文章更有懸疑、可看性。

2. 類疊法修辭：嘆、氣，隔句反複出現，加強文意及情感。「想著想著」，是疊詞的使用。

3. 並列句：

小羊會和他一起吹吹風，散散步；一起談天和說笑。

4. 承接句：

小羊喝了水中的雲朵，身子漲起來，就這樣輕輕的飛上天空。

5. 辨別代名詞。（習作B本）

他——男性。她——女性。它——無生物。牠——動物。

6. 用「畐」爲聲符的形聲字。

祝「福」、一「幅」畫、蝙「蝠」、「副」班長。

7. 用「炎」爲聲符的形聲字。

「談」話、清「淡」、吐「痰」、毛「毯」、「啖」一口肉。

四、教學資料庫

語文補充

㈠猜字謎：

1.漢子一口喝完水（嘆）
2.牛頭人身（失）
3.水字頭上多一點一橫（永）
4.半塊肉（胖）
5.海灘上沒水（難）
6.中午的話（許）

㈡多音字：

答
- ㄉㄚˊ　回答、答數。
- ㄉㄚ　羞答答、答應。

- 難
  - ㄋㄢˊ 難忘、困難。
  - ㄋㄢˋ 災難、難民。
- 更
  - ㄍㄥˋ 更加、更多。
  - ㄍㄥ 三更半夜、變更。

(三) 形近字：

- 羊
  - ㄧㄤˊ 洋—洋洋得意。
  - ㄒㄧㄤˊ 祥—吉祥。
  - ㄒㄧㄤˊ 詳—周詳。
  - ㄧㄤˊ 烊—打烊。
  - ㄧㄤˋ 恙—身體微恙。
  - ㄧㄤˊ 徉—徜徉。
  - ㄧㄤˊ 佯—佯裝。
  - ㄒㄧㄤˊ 翔—飛翔。

(四) 象形字：羊

ㄧㄤˊ 羊是象形字。這是從後面觀察羊的形狀，前面是犄角，中間的直線是羊身、羊尾巴，橫的二畫是羊腳。

(五)繞口令：羊

蔣家羊，楊家牆，蔣家羊撞到楊家牆，楊家牆壓死蔣家羊。楊家要蔣家賠牆，蔣家要楊家賠羊。

(六)俏皮話：

1.「打開天窗——說亮話」

老式的中國建築多半很幽暗，只有打開屋頂透光的窗戶，才能讓屋內明亮一些。

例句：請你就不要吞吞吐吐，直接「打開天窗——說亮話」吧！

2.「胖子吃肥肉——加油」

肥肉可以榨出很多油，胖子吃肥肉，那不就是加「油」了嗎？

例句：這次百米賽跑，兒子，你可要「胖子吃肥肉——加油」嘍！

3.「殺豬未死，先談分湯——言之過早」

事情還沒開始做，大家就搶著要分好處，實在是說得太早。

例句：小孩還不會拿筆，就教他寫字，未免「殺豬未死，先談分湯」，是言之過早啦！

(七)諺語：

1.「失之毫釐差之千里」：比喻剛開始的一點小差別，會造成很大的錯誤。毫：計算長度的單位，是釐的十分之一。

2.「書到用時方恨少，事非經過不知難。」

3.「大難不死，必有後福。」

例句：這個小孩從高樓掉下來，居然沒死，可以說是「大難不死，必有後福。」

4.「人在福中不知福」：這句話的意思是，人對於眼前的好處沒有辦法感受。

例句：媽媽煮飯給你吃，你還嫌難吃，眞是「人在福中不知福」。

(八)　辨別字：卷

捲和卷都有把東西彎曲起來的意思，可以通用。但是：考卷、卷宗、試卷的「卷」，不可以用「捲」。

(九)　小笑話：

1.張胖子在路上看見王瘦子。胖子說：「看見你，我就知道世界上一定又發生飢荒了。」王瘦子：「看到你，我也知道世界上爲什麼發生飢荒了。」

2.月考考完，媽媽問小明：「你覺得題目難不難？」小明回答：「題目不難，難的是答案。」

3.老師要大家用「難過」這個詞造句，小華答：「馬路上車輛很多，『很難過』。」全班同學都笑得很「難過」。

4.有一年的冬天，英國名作家蕭伯納訪問上海，迎接他的是幽默大師林語堂。林語堂說：「先生您眞是好福氣，這裡最近一直是大風雪，您一來就看到太陽。」蕭伯納說：「是太陽有福氣吧，能在上海見到我！」

解答參考

㈠語文活動解答參考：

1.鯨魚、小狗、小貓、長頸鹿、河馬、斑馬、毛毛蟲、乳牛、老鼠、蚊子、兔子、恐龍。

2.辦公室、浴室、森林、車站、河邊、花園、山谷、溪流、橋頭、籃球場、游泳池。

3.波斯菊、牡丹花、仙人掌、樟樹、水仙花、木棉、西瓜、番茄、榕樹、柳樹。

4.初春、仲夏、明天、上方、右邊、左方、冬日、春天、深夜、前方。

5.宗教、文化、倫理、習慣、風俗、教養。

㈡A本習作解答參考：

1.⑴回答：老師不喜歡我回答的內容。

⑵難忘：我最難忘的是去年冬天在日本的雪地中泡湯。

⑶更：我更喜歡的是中國的書法。

2.請教師指導學生作答。

3.「他也不怕」重疊句：再大的狂風巨浪，他也不怕，他也不怕。

㈢B本習作解答參考：

1.⑴失——失信。（失去。迷失。失掉。失手。失火。）

(2)永——永生難忘。(永遠。永久。永別。永恆。)
(3)窗——窗明几淨。(窗外。小窗。木窗。前窗。)
(4)談——談天說地。(談笑。談話。談情說愛。談吐。)
(5)福——福如東海。(福氣。祝福。福將。福袋。)
(6)座——情人座。(座位。星座。一座山。座落。)

2. ①、①、②、③、④。

3. (1)他們形影不離一起讀書,一起遊戲。
(2)我幾乎忘記他的存在。
(3)你老是分不清楚「座位」、「坐好」、「坐下」這幾個詞語的正確寫法。
(4)也許明天會有人送你意外的驚喜。
(5)他就是我心目中的最佳人選。

總說

第二單元 快樂

快樂是什麼呢？擁有很多東西？收到很多禮物嗎？答案都不是。快樂其實很簡單，在「爸爸下廚」裡，快樂只是做自己喜歡做的事，而這件事又有很多人肯定。在「姐姐的衣櫃」一文，告訴我們：快樂不是擁有的多，而是欲望少。「記得說謝謝你」則是希望：聖誕節時大家收到禮物快樂的同時，不要忘記了應有的禮貌。說聲謝謝你，表達心中的感恩，別人會快樂，自己也會因爲別人的快樂而快樂。

原來快樂是：去做自己喜歡做的事，欲望少一點，收了別人的東西記得說謝謝。快樂，是很容易的啊！

四、爸爸下廚

教材說明	1.本課的文體是記敘文。在文章選材方面，非常平凡，敘述爸爸炒菜的過程，用「先」、「再」、「接著」、「最後」四個時間的詞語連接成文。 2.在語文活動中，安排廚房的設備，協助小朋友大量豐富詞彙。在習作中，練習寫一件事，用「先」、「再」、「接著」、「最後」四個連接的詞語來仿寫。
教學重點	1.本文文字平鋪直敘，利用四個連接詞連成短文，讓學生容易仿作。 2.在句子方面，有承接句：然後；有感嘆句：爸爸，您眞是個大廚師。 3.語文活動中介紹書名號、私名號。 4.習作中有「未」、「末」爲聲符的形聲字，提供學生大量認識詞語。 5.習作中的「食譜」，學生可以讀一讀，有興趣的話可以試著煮道菜。 6.多音字中的「會」、「乾」、「漲」、「切」，用句子來幫助學生識字。
教學建議	1.語文補充中有七個生字的字謎，請老師不要錯過。 2.另外二句俏皮話，也是口語中經常使用，老師可以介紹給學生。

五、姐姐的衣櫃

教材說明

1. 本課的文體是記敘文。敘述姐姐對衣服的需要和感覺，經過媽媽的建議，事情總算解決了。爸爸的評論，令人莞爾。
2. 文分四段，先說姐姐的需要，再說姐姐的想法，接著提出媽媽的建議，結論是爸爸幽默無奈的評語。

教學重點

1. 在文章中有類疊的修辭。「穿了又穿，換了又換」、「清清淡淡」。讓文章的語氣更有深度。
2. 爸爸的感嘆，是感嘆句的修辭。「雖然……不過」是轉折句；「所以約會特別多」，則是因果句；「才……」是承接句。
3. 語文活動中，把衣服的式樣及圖式畫出，提供學生更完整的服飾詞彙。
4. 語文活動中的字群，右邊都是相同部件組成的字，但產生不同的字。例如：「加」和「另」。左邊是形近的字。
5. 習作中比較了「比」和「此」的不同，並列出相關的形聲字，避免學生寫錯。
6. A本習作中，讓學生把意思一樣的詞語找出來。
7. 習作B本的寫短文，是提醒學生寫一個人時，要包括什麼時間？怎麼打扮？說了什麼話？要去哪裡？做什麼事？

教學建議

1. 語文補充中有七個生字可猜字謎，可和小朋友玩語文遊戲。
2. 俏皮話：狗拿耗子——多管閒事，可讓學生做造句練習。

六、記得說謝謝你

教材說明

1. 本課的文體是議論文。作者舉一個眞實的事例，並說明說謝謝你的好處，來加強自己「記得說謝謝你」的意見。
2. 文章分三段。起頭用「謝謝你容易被忘記。」是用反論來提醒大家。中間用舉例和說理來強調「一定要記得說謝謝你。」結論再擴大說明：謝謝你的對象。

教學重點

1. 本課是議論事理的文章，在句型使用方面，有轉折句：「……但是……」；有因果句：「由於……卻」、「因此」；有遞進句「……更加……」。
2. 語文活動中介紹動詞，有和行爲有關、和變化有關、和心理活動有關、和走向有關的動詞。
3. 習作中加強「部首」的認識。
4. 習作有意思相同或不同的詞語辨認。
5. 習作B本中有「半」、「永」聲有關的形聲字。
6. 容易的「易」，和「易」字在教學指引中有詳細的說明。

教學建議

1. 語文補充中有三個生字的猜字謎。
2. 黑幼龍的短文感謝，感謝自己所擁有，感謝大自然的恩賜，文章感人，可以給學生做參考。

第四課　爸爸下廚

一、聆聽與說話

引起動機

㈠語文遊戲：大廚師

1.將學生分組，給每組白紙或白板。

2.給學生五分鐘討論，並寫下「菜名」，不會寫的字可注音。

3.寫出多者獲優勝。

4.老師可領讀菜名。（例如：漢堡、沙拉、玉米濃湯、奶油烤白菜、黃瓜炒肉絲、焗龍蝦、南瓜湯、蘋果派……）

㈡語文對話：複習小小相聲——往好處想。

講述大意

㈠概覽課文：以默讀方式快速瀏覽課文一遍。

㈡提問以歸納大意：利用問題，指導學生歸納每一個自然段的段意。
1.假日時爸爸喜歡做什麼？
2.爸爸怎麼煮菜？
3.爸爸煮的菜怎麼樣？

㈢內容大意：綜合各段的段落意思，說出全課的內容大意。
爸爸喜歡假日下廚煮菜；爸爸把菜切細，用大火熱炒，再放進配料，菜就上桌了；大家對爸爸煮出色香味俱全的菜，讚美他是大廚師。

二、閱讀與識字

詞語教學

㈠學生課前預習，畫出新詞，並查字典，了解新詞的意思。
㈡學生上課時提出新詞，老師請學生試念，並指導正確的發音和寫法。
㈢教師詢問學生對詞語的了解，若有特殊的生字，也加以指導。
㈣本課詞語指導：
1.下廚：到廚房去煮飯菜。

例句：爸爸是新好男人，常常下廚煮他的拿手好菜。

2.會計師：在公司中統計金錢的人。

例句：會計師專門爲公司統計支出和收入。

引導：和「計」有關的詞：計時、計算、設計、妙計、計畫、計較、計謀。

3.快刀：表示使用刀子很快速。

例句：他是本飯店的快刀手，切菜又快又好。

引導：刀部的字，都是用刀的活動，你知道有哪些刀部的字或相關詞語？（分開、別名、利用、刮鬍子、前面、剛好、剪刀）

4.切細：把東西切得很細小。

例句：豆乾切細是豆乾條，肉切細是肉絲。

5.豆乾：用黃豆磨漿煮熟再加上石膏成豆腐。把豆腐加香料用布包起來，壓出水分，加熱蒸製而成的食品。

引導：用黃豆可製成哪些食物？（豆腐、豆漿、豆包、油豆腐、豆皮、豆乾、豆腐乳……）

引導：什麼東西可乾燥保存？（肉乾、豆乾、龍眼乾、小魚乾、芒果乾……）

6.肉絲：把肉塊切成細條。

例句：我喜歡吃溫泉肉絲拉麵。

引導：肉除了切絲外，還可以有些什麼食品？（肉鬆、肉塊、肉乾、肉脯、肉醬、肉羹、肉包子、肉粽……）

7.抹一抹：塗一塗的意思。

例句：每天晚上，媽媽一定在臉上抹一抹面霜。

8.鹽：拿實物爲例。

引導：食品中有鹹味的原料，可以用來調味，有海鹽、池鹽、井鹽等。

9.熱油鍋：熱，使溫度增加。鍋，燒水煮飯用的器具，圓形內凹。把煮菜的鍋子，放入油，開火加熱。

例句：炒菜前，先要熱油鍋，菜才會又香又綠。

10.炒香：把食物放在鍋裡加熱並不斷的翻動，使食物變香。

例句：我把蔥、蒜和肉絲放在一起炒香。

11.糖：由甘蔗、甜菜等製成的甜性物質。

例句：小朋友都喜歡吃糖做的食品。

引導：糖，植物中提煉出來的甜性物質，範圍較小；醣，指一些有機物質，範圍較大。

12.全家：整個家。「全」，整個的。

例句：全家能一起照相，是一件福氣的事，所以全家合照，也稱做全家福。

13.大廚師：很會煮飯的人，稱做大廚師。大師：在某一件事是最好的人。

例句：他是五星級飯店的大廚師。

14.俱全：都有的意思。

例句：這裡的東西樣樣俱全，你很開心吧！

生字教學

1.學生課前預查字音、字義、部首。並寫在A本習作上。

2.本課生字：

①習寫字：

廚（广）部 計（言）部 刀（刀）部 切（刀）部 細（糸）部

豆（豆）部 乾（乙）部 肉（肉）部 抹（手）部 熱（火）部

鍋（金）部 炒（火）部 糖（米）部 全（入）部

②認讀字：

鹽（鹵）部 醬（酉）部

3.辨別特殊生字：

①廚是广部，不要少了一點。

②抹，右邊是「末」，不可寫成「未」。

③全，是「入」部，所以要寫成「全」。

4.字形的結構說明：

①□左小右大字：鍋、糖。

②□左右均大字：切、細、乾、抹。

三、閱讀與寫作

內容深究

(一) 提出問題，師生共同討論。

1. 文章理解的問題，參考前面的「歸納大意」的問題。

2. 情意擴展的問題。

①假日你喜歡做什麼事情？

②你做過什麼事情，大家都喜歡呢？

3. 文意探索的問題。

①爸爸怎麼炒菜？敘述愈詳細愈好。

②爲什麼要這麼詳細的敘述炒菜的過程？你能不能用一句話來說這一件事？

③你能不能將一件生活中發生的事情，例如：穿襪子、洗衣服、煎蛋……，用「先」、「再」、「接著」、「最後」詳細的敘述？

形式深究

(一) 文體說明：

本課的文體是記敘文。記敘爸爸最喜歡做的事，他如何做，別人對他做這事的感覺。

(二) 段落安排：

1. 第一段：爸爸喜歡下廚煮菜。
2. 第二段：爸爸炒菜的情形。
3. 第三段：大家讚美爸爸的菜。

(三) 結構分析：

主文
- 先說：爸爸喜歡煮菜。（喜歡的事）
- 再說：爸爸煮菜的情節。（事的過程）
- 後說：爸爸的菜受到大家的喜歡。（事的結果）

本篇文章的選材很平常，文字也平舖直敘，沒有特殊之處。作者只是把一個人喜歡的事情，從指出事情到說明細節，到事情的結果，一一敘述。目的只是提供給讀者一個範文，把平常的事件，化爲文字的過程。

(四) 主旨說明：

作者用一件最平常不過的事，寫一篇短文，做爲初學作文的範本。在文章的主旨是指爸爸的休閒生活，自己喜歡，全家人也喜歡。

㈤　修辭說明：

1.承接句：

「然後」：他喜歡陪媽媽上超市去買菜，然後下廚房煮菜。

2.感嘆句：

爸爸，您眞是個大廚師！

3.用時間詞語，連接成一段有關「動作」的短文。

「先」：用快刀切細豆乾、肉絲、木耳、小黃瓜。

「再」：用一點鹽抹一抹小黃瓜。

「接著」：用大火加熱油鍋，把豆乾、肉絲炒香。

「最後」：放進木耳、小黃瓜和少許糖、醬油快炒一下。

4.介紹書名號、私名號。

5.介紹「未」和「末」有關的形聲字。例如：「未」來、口「味」、「味」道、「昧」於良知、拾金不「昧」、姐「妹」、假「寐」、鬼「魅」。「末」代皇帝、「抹」布、泡「沫」、「茉」莉、「抹」粉。

四、教學資料庫

語文補充

㈠ 猜字謎：

1. 砌牆不用石（切）
2. 絲田（細）
3. 十個乞丐來十天（乾）
4. 人走過去，金子來了（鍋）
5. 少火（炒）
6. 唐朝的米（糖）
7. 國王進入（全）

㈡ 多音字：

會
- ㄏㄨㄟˋ 會合、會面、約會。
- ㄎㄨㄞˋ 會計師。
- ㄏㄨㄟˇ 一會兒。

切
- ㄑㄧㄝ 切開、切細。
- ㄑㄧㄝˋ 切實、確切。

乾
- ㄍㄢ 肉乾、豆乾、龍眼乾。
- ㄑㄧㄢˊ 乾坤（天地）。

㈢ 形近字：

唐
- ㄊㄤˊ 唐—唐朝。
- ㄊㄤˊ 糖—糖果。
- ㄊㄤˊ 醣—醣類。
- ㄊㄤˊ 塘—池塘。
- ㄊㄤˊ 搪—搪塞。

少
- ㄔㄠˇ 吵—吵鬧。
- ㄔㄠ 鈔—鈔票。
- ㄔㄠ 抄—抄書。
- ㄕㄚ 紗—紗巾。
- ㄕㄚ 砂—砂眼。
- ㄙㄨㄛ 莎—莎草。
- ㄕㄚ 莎—麗莎（譯名）。
- ㄕㄚ 裟—袈裟。
- ㄕㄚ 鯊—鯊魚。

(四) 象形字：

1. 刀：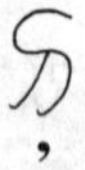，是象形字。上面的部分是刀柄，下面是刀鋒。刀部的字，大部分都表示用刀的活動。
2. 豆，原來是指裝食物的器具，後來被借去做「豆」類植物的「豆」。所以豆部的字，大部分和豆類植物有關。例如：豆鼓（ㄔˇ），是用黑豆或黃豆發酵製成的食品。「豌」豆，豆類植物。
3. 肉，寫成「月」，肉是象形字。古人說：「人心是肉做的。」這句話是說，人是有感情的動物，很容易受外面發生的事所感動。例如：人心是肉做的，對他的哀求我不能不答應。

(五) 猜謎語：

1. 出身原來是富家，一敗貧窮穿破紗，多承嫂嫂來照顧，謝你油鹽醬醋茶。（猜一種日用品）（答案：抹布）
2. 家住大海，走上岸來，太陽曬一曬，身體變白。（猜一種食品）（答案：鹽）

(六) 俏皮話：

1. 「肉包子打狗——有去無回」

我們用肉包子打狗，狗一定會把包子吃掉，那麼包子一定是有去無回了。

例句：如果你把錢借給他，那一定是「肉包子打狗——有去無回。」

2. 「鞋底抹油——開溜」

鞋底抹上油會變滑滑的，可以跑得更快。這裡是指碰到不對、不好做的事，趕快離開。

例如：小偷發現主人回來，趕快「鞋底抹油——開溜」。

解答參考

㈠ 語文活動解答參考：

1. 烘碗機
2. 烤箱
3. 平底鍋
4. 抽油煙機
5. 熱水瓶
6. 瓦斯爐
7. 電鍋
8. 水龍頭
9. 洗碗精
10. 洗碗槽

㈡ A本習作解答參考：

1. (1)② (2)① (3)③ (4)④ (5)⑥ (6)⑤ (7)⑦ (8)⑧

㈡ B本習作解答參考：

1. (1)抹——抹眼淚。（抹乾。抹粉。抹布。抹平。抹藥。）
(2)熱——熱情。（熱力。冷熱。熱心。熱血。熱門。）
(3)炒——炒股票。（炒菜。炒冷飯。冷飯熱炒。）
(4)糖——砂糖。（糖精。細糖。糖衣。糖果屋。）
(5)細——細紗。（細雨。細絲。細雪。細粉。）
(6)全——全家福。（全人。全部。全新。十全十美。）

2. 請自由發揮。

3. (1)ㄎㄨㄟ、ㄏㄨㄟ (2)ㄍㄢ、ㄑㄧㄢˊ (3)ㄓㄤˋ、ㄓㄤˇ (4)ㄑㄧㄝ、ㄑㄧㄝˋ。

第五課 姐姐的衣櫃

一、聆聽與說話

引起動機

(一)語文遊戲：妝扮比賽

1.將學生分成二組。

2.輪流以

什麼人？	穿什麼衣服？	到什麼地方？	做什麼？
媽媽	穿著游泳衣	到海邊	游泳
哥哥	穿著溜冰鞋	到公園	溜冰

來造句。

3.人、衣物不可重複。重複或造不出者失敗，出局。

(二)語文對話：小小相聲——吃烏龜。

講述大意

(一)概覽課文：以默讀方式快速瀏覽課文一遍。

㈡ 提問以歸納大意：利用問題，指導學生歸納每一個自然段的段

1. 姐姐要去哪裡？她忙著做什麼？
2. 姐姐爲什麼換衣服不快樂？
3. 媽媽給姐姐什麼意見？
4. 爸爸的想法是什麼？

㈢ 內容大意：綜合各段的段落意思，說出全課的內容大意。

姐姐要去約會，急著換衣服；衣服雖然多，但是姐姐都不滿意。媽媽請姐姐穿洋裝去赴約，爸爸嘆氣說：「女人的衣櫃總少一件衣服。」

二、閱讀與識字

詞語教學

㈠ 學生課前預習，畫出新詞，並查字典，了解新詞的意思。

㈡ 學生上課時提出新詞，老師請學生試念，並指導正確的發音和寫法。

㈢ 教師詢問學生對詞語的了解，若有特殊的生字，也加以指導。

㈣ 本課詞語指導：

1.衣櫃：存放衣物的長方形櫃子。

例句：我的衣櫃掛滿了衣服。

2.特別：非常，不普通；格外的意思。

例句：他打扮得特別漂亮。

引導：「特別」有非常、格外的意思，用來修飾形容詞、動詞，例如：特別美麗，特別迅速。

「特殊」是與眾不同、突出的意思，只能修飾名詞；例如：特殊情況、特殊教育。

3.打扮：使容貌和衣著好看。

例句：會打扮的人，讓別人快樂，也讓自己快樂。

4.匆匆忙忙：急忙的意思。

例句：他匆匆忙忙的從我身邊走過，大概連我是誰都不知道。

5.約會：互相先說好的見面。

例句：我和朋友的約會都訂在週末。

6.房間：房子裡所分隔的單位。

例句：我家有三個房間，其中一間是書房。

7.來不及：快要趕不上了。及，正好趕上。

例句：趕快起床了，要不然你上學就來不及了。

8.衣服：改穿另一件衣服。換，更改，改變。

例句：他太累了，沒換衣服倒頭就睡。

引導：有什麼東西是要常換的？（換牙、換季、換班、換人……）

9. 洋裝：西式的衣服，現在多指女子的連身衣裙。

例句：我最喜歡的衣服是那件黑洋裝。

引導：有什麼東西是洋式的？（洋房、洋車、洋傘、洋槍、洋服……）

10. 襯衫：有領子的上衣。

例句：襯衫配裙子或長褲都很方便。

11. 裙子：女子下身的一種衣服。（以圖或物示例）

例句：媽媽的裙子，像一把大花傘。

12. 長褲：穿在下半身的衣服。

例句：姐姐喜歡穿長褲套裝。

引導：兩口井，一樣深，跳下去，齊腰身。（猜一種日常用品）（答案：褲子）

13. 休閒：沒有事情做的時候。

例句：現在的人很重視休閒活動。

14. 運動：體育活動。

例句：他對每項運動都很精通，尤其是游泳。

引導：和運動有關的詞語有哪些？（運動家、運動員、運動會、運動神經、運動場、運動飲料。）

15. 一件：件是計算事物的單位。

例句：你要買哪一件衣服？

16.粉紫的：紫是藍、紅二色混合。粉紫，是比較帶有粉白，淡淡的紫色。
例句：她的粉紫洋裝，淡淡柔柔的，很好看。

17.唉：表示感傷或嘆息聲。
例句：唉！我怎麼做也做不好，我怎麼辦呢？
引導：「哎」、「唉」都是表示語氣的詞，都用在感傷、可惜的時候。例如：「唉」（哎），這件事真令人難過啊！如果嘆詞後面加字，兩個字就不可通用。例如：哎喲！哎呀！

生字教學

1.學生課前預習字音、字義、部首。並寫在A本習作上。

2.本課生字：
①習寫字：
扮（手）部　特（牛）部　匆（勹）部　間（門）部　及（又）部
洋（水）部　裝（衣）部　襯（衣）部　衫（衣）部　裙（衣）部
褲（衣）部　閒（門）部　運（辵）部　件（人）部
②認讀字：
櫃（木）部　紫（糸）部

3.辨別特殊生字：
①特：「寺」的寫法，在「寸」上面的是「士」，不是「土」。

②「匆」是「勿」加一撇。「匆」忙，「忽」然，「匆」和「忽」形狀很接近，意思完全不相同。

③「間」和「閒」。間，是門和日的會意字。表示：地方、時間、中間的意思。如：房間、日間、中間。閒，是門和月的會意字，表示沒什麼事做，和正事無關。如：空閒、閒話。

④來不「及」。「及」是到，趕上的意思。不可寫成來不「急」。

⑤襯、衫、裙、褲都是衣部，要寫成二點「衤」，不可寫成「示」部的「礻」。

4.字形的結構說明：

①左小右大：扮、特、洋、衫、裙、褲、件。

②上寬下窄：紫。

③三分子：襯

三、閱讀與寫作

內容深究

(一)提出問題，師生共同討論。

1.文章理解的問題，參考前面的「歸納大意」的問題。

2.情意擴展的問題。

①你的衣服有多少？你覺得夠嗎？

②你覺得你自己什麼東西太多？你打算怎麼做？

③媽媽對你的東西用什麼態度？你滿意嗎？

3. 文意探索的問題。

①姐姐的衣服是多？還是少？姐姐覺得滿意嗎？

②誰來幫忙姐姐處理問題？

③你認爲爸爸的處理方式好嗎？爲什麼？

形式深究

㈠ 文體說明：

本課的文體是記敘文。記敘姐姐對自己的衣服不滿意，以及媽媽的處理方式。

㈡ 段落安排：

1. 第一段：姐姐要約會，進房間去換衣服。
2. 第二段：姐姐衣服很多，但是她不滿意。
3. 第三段：媽媽給姐姐意見。
4. 第四段：爸爸對這件事下了一個評論。

㈢ 結構分析：

主文
- 先說：姐姐的需要。
- 再說：姐姐的想法。
- 接著：媽媽的建議。
- 結尾：爸爸的評論。

這是一件很簡單的事：人對事的滿意與否，不在事情的好壞，而在人的想法。文章先敘述事實，再敘述姐姐對事實的想法。好在媽媽給了不錯的意見，使事情圓滿解決，爸爸幽默的給整件事下了一個註腳。

㈣主旨說明：

作者藉著姐姐對衣服的滿意與否，告訴我們：人如果知足就會快樂。

㈤修辭說明：

1. 類疊法修辭：

姐姐「穿了又穿，換了又換」……。

粉紫的小茉莉洋裝，你穿起來「清清淡淡」的，很美麗。

2. 感嘆法：

唉！女人的衣櫃總是少一件衣服。

3. 轉折句：

「雖然……不過……」：雖然不是特別漂亮，不過她很會打扮。

4. 因果句：

所以約會特別多。

5. 承接句：

「……才……」：媽媽對姐姐說：「粉紫的小茉莉洋裝，你穿起來清清淡淡的，很美麗！」姐姐才穿上它去赴約。

四、教學資料庫

語文補充

(一) 猜字謎：

1. 分手（扮）
2. 門中看月（閒）
3. 日光從門中照進來（間）
4. 羊水（洋）

5. 親人的衣服（襯）
6. 君子的衣服（裙）
7. 軍人走過來（運）

㈡ 多音字：

間
- ㄐㄧㄢ 房間、午間。
- ㄐㄧㄢˋ 間諜。

㈢ 形近字：

寺
- ㄕˋ 寺—寺廟。
- ㄔˊ 持—主持。
- ㄊㄜˋ 特—特別。
- ㄉㄞˋ 待—等待。

及
- ㄐㄧˊ 級—分級。
- ㄙㄜˋ 圾—垃圾。
- ㄐㄧˊ 汲—汲水。
- ㄐㄧˊ 岌—岌岌可危。
- ㄐㄧ 笈—負笈求學。

㈣ 俏皮話：

1.「約法三章——先談好條件」

黃季剛曾任中央大學的國學教授，他爲人非常有趣。平時講課時，從來不帶課本，說話很幽默，他和學校「約法三章」。那就是：下雨不來，降雪不來，刮風也不來。大家稱他三不來教授。

2.「狗拿耗子——多管閒事」

抓老鼠是貓的事，狗跑去抓老鼠，就是管別人的閒事。

「多管閒事多吃屁，少管閒事少淘氣。」——兒歌

㈤ 及第：

古時候通過科舉考試叫做「及第」，沒通過時叫做「落第」，或「名落孫山」。

笑話：從前有個書呆子要到京城去考試。半路上，帽子被風吹掉了。路人告訴他：「帽子落地了。」他趕緊說：「請不要說『落』地，要說我的帽子『及』地了。」

解答參考

㈠ 語文活動解答參考：

1. ⑴爸爸：①、⑥、⑨、⑩、⑪、⑫、⑬、⑭

⑵媽媽：①、②、③、④、⑤、⑦、⑧、⑨、⑪、⑫、⑬、⑭

㈡ A本習作解答參考：

1. ⑴但是 ⑵因此 ⑶還是 ⑷就算

㈢ B本習作解答參考：

1. ⑴特——特寫鏡頭。（特別。特色。特技。特價。奇特。）
⑵閒——閒話家常。（閒坐。閒談。忙裡偷閒。游手好閒。）
⑶及——及時雨。（來不及。以及。及時。及格。波及。）
⑷運——好運連連。（海運。空運。幸運。好運。運動。）
⑸換——換手。（更換。改換。換掉。交換。換錢。）
⑹裝——裝神弄鬼。（西裝。洋裝。裝扮。裝修。春裝。）

2. 請自由發揮。

第六課 記得說謝謝你

一、聆聽與說話

引起動機

(一)語文遊戲：感謝比賽

1.將學生分成紅白二隊。

2.二隊成員輪流說一件感謝的事。

謝謝	誰？	什麼事？
謝謝	媽媽	每天爲我準備可口的早餐
謝謝	叔叔	送我一隻錶

3.比賽時，人物、事情的類別不可重複。

4.最多者獲勝。

(二)語文對話：小小相聲——老師的衣服。

講述大意

(一)概覽課文：以默讀方式快速瀏覽課文一遍。

(二)提問以歸納大意：利用問題，指導學生歸納每一個自然段的段意。

1.什麼話容易說也容易忘？

2.雜誌作家爲什麼希望小朋友要記得對別人表示感謝？

3.爲什麼要對別人表示感謝？

4.對誰要常常說「謝謝你」？

(三)內容大意：內容大意綜合各段的段落意思，說出全課的內容大意。

「謝謝你」容易說容易忘。時代雜誌作家希望小朋友要記得說謝謝，來表示個人的教養，並且對家人、親人、陌生人都要記得說。

二、閱讀與識字

詞語教學

㈠學生課前預習，畫出新詞，並查字典，了解新詞的意思。
㈡學生上課時提出新詞，老師請學生試念，並指導正確的發音和寫法。
㈢教師詢問學生對詞語的了解，若有特殊的生字，也加以指導。
㈣本課詞語指導：

1.容易：簡單，不困難。

例句：這個題目看起來很容易，卻很少人做對。

2.美國：有土地、人民、主權的政治團體，就稱爲國家。美國，美利堅合眾國的簡稱，位於北美洲中部，北界加拿大，南界墨西哥及墨西哥灣，東瀕大西洋，西臨太平洋，首都爲華盛頓。

例句：美國是個自由民主的國家。

3.時代雜誌：時代是指流行的趨勢。在此，是指刊物的名稱。雜誌是定期或不定期連續出版的成冊刊物。

例句：時代雜誌是美國很有名的刊物。

引導：你知道哪些雜誌？（講義、讀者文摘、科學人、牛頓、時報週刊、天下……）

4.寄：傳送。

例句：今天我寄了一封信給我的好朋友。

5.文章：個人表達完整意思的文字。

例句：寫文章不是一件很容易的事。

6.希望：心裡的盼望或期待。

例句：新年新希望，你的希望是什麼？

7.表示：把思想或感情顯示出來。

例句：我對這件事情，不表示意見。

8.感謝：對別人的好意，內心懷著謝意。

例句：感恩節時寄感恩卡，一定要寫上感謝的心意。

9.讓：使人有某種感覺。

例句：你最近的表現進步了，讓我很開心。

10.親戚：有親屬關係的人，通常指父母的親人，以及妻子或丈夫的親人。

例句：我家的親戚很多，所以過年時我收了很多紅包。

11.甚至：表示更大的後果。「甚」，太過的意思。「至」，到的意思。

例句：你把別人的東西弄丟了，不但沒說對不起，甚至態度還很不好。

12.陌生：不認識，不熟悉。

例句：對陌生的人，我們不要太熱心。

生字教學

1.學生課前預查字音、字義、部首。並寫在A本習作上。

2.本課生字：

①習寫字：

容(宀)部 易(日)部 國(囗)部 代(人)部 雜(隹)部

誌(言)部 寄(宀)部 章(音)部 希(巾)部 示(示)部

感(心)部 讓(言)部 覺(見)部 養(食)部

②認讀字：

戚(戈)部 甚(甘)部 至(至)部 陌(阜)部

3.辨別特殊生字：

①易，是「日」和「勿」。原來是蜥「蜴」的易。「」，上象頭，下象四腳。易和「昜」不一樣。昜是「勿」、「一」、「日」合成的字，意思是不要讓太陽被東西遮住。所以和「昜」有關的字都有開展的意思。例如：發「揚」、太「陽」。和「易」有關的字，「剔」除、警「惕」、「踢」人、「賜」票、「錫」箔。

②容，是「宀」和「谷」，不要和「客」弄錯。

③代和「伐」不一樣。

4.字形的結構說明：

①□左右均分：雜、誌。
②□長形字：寄、章、養、覺。
③大字（筆劃多）：讓、感、覺、雜。
④小字（筆畫少）：示。
註：字有開展性，也會變大。例如：大、易。字是封閉字，字會變小。例如：日、田、小。

三、閱讀與寫作

內容深究

㈠提出問題，師生共同討論。

1.文章理解的問題，參考前面的「歸納大意」的問題。

2.情意擴展的問題。

①你有送人禮物或幫忙別人做事，別人卻沒說謝謝的事情發生嗎？請你說一說。
②遇到這樣的事，你有什麼感覺？
③你會跟家人或陌生人說謝謝嗎？說說當時的情形。

3.文意探索的問題。

①什麼是容易說，也容易忘記說的話呢？

②作者舉美國時代雜誌作家的例子，你覺得都是如此嗎？爲什麼？

③爲什麼一定要對別人說謝謝呢？如果不說謝謝，有沒有別的方式來表達自己的心意呢？

形式深究

㈠文體說明：

本課的文體是議論文，作者舉例和說理，要大家記得感謝別人。

㈡段落安排：

1.第一段：「謝謝你」容易說容易忘。

2.第二段：舉美國作家的例子，希望小朋友記得說謝謝你。

3.第三段：感謝別人其實對自己對別人都很好。

4.第四段：對家人、親友、陌生人都可以說謝謝。

㈢結構分析：

- 主文
  - 頭—主論：謝謝你容易被忘記。
  - 身
    - 舉例：美國作家的希望。
    - 說理：感謝使自己和別人更好。
  - 尾—結論：感謝的對象。

本文是議論文。議論文和說明文不同。前者是作者想主觀的、熱情的說服別人；後者是客觀、平靜的說明一個人或一件事、物、道理。本文作者要小朋友記得說謝謝你，除了舉例、說理，還提出方法。

㈣ 主旨說明：

作者希望小朋友記得說謝謝你。

㈤ 修辭說明：

1. 轉折句：

「……但是……」：「謝謝你」是很容易說的三個字。但是，有時我們也很容易忘記它。

2. 因果句：

「由於……卻……」：由於他每年寄禮物給一個小男孩，卻從來沒有收到一張謝卡。

「因此……」：因此他特地寫了文章在雜誌上發表。

3. 遞進句：

「更加」：對親近的家人不能不說，對親戚、朋友甚至陌生人更要記得說。

4. 認識動詞。

四、教學資料庫

語文補充

(一) 猜字謎：

1. 十人報佳音（章）
2. 布上打個×（希）
3. 二個小（示）

(二) 多音字：

覺
- ㄐㄩㄝˊ 感覺、覺醒。
- ㄐㄧㄠˋ 睡覺。

(三) 形近字：

- ㄅㄞˇ 百——數百、百萬。
- ㄅㄛˊ 柏——柏樹、松柏。
- ㄅㄛˊ 伯——伯父、伯叔。
- ㄇㄛˋ 陌——陌生。

白
- 泊　ㄅㄛˊ　泊——飄泊。
- 帛　ㄅㄛˊ　帛——布帛。
- 舶　ㄅㄛˊ　舶——船舶。
- 魄　ㄆㄛˋ　魄——魂魄、落魄。
- 怕　ㄆㄚˋ　怕——害怕。
- 箔　ㄅㄛˊ　箔——錫箔、鋁箔。

甚
- 斟　ㄓㄣ　斟——斟酌。
- 勘　ㄎㄢ　勘——勘查、校勘。
- 湛　ㄓㄢˋ　湛——精湛的功夫。
- 椹　ㄕㄣˋ　椹——桑椹。

(五) 文章選讀：

感　謝　　**黑幼龍**

感謝我的鼻子，即使塌，也讓我呼吸新鮮空氣。

感謝我的雙眼，再小再瞇，我也能見日出、日落，花開、花謝。

感謝太陽升起，使我全身充滿希望的光芒。

感謝老天爺所降下的雨水，爲傷心淤穢的心靈，刷洗潔淨。

感謝黑夜的來臨，我知道不論今天的我有多麼失敗，全新的明天仍然等待著我來證明自己。

解答參考

(一) 語文活動解答參考：

1. 飛、點水、翻筋斗、迴旋、急轉彎。
2. 工作。
3. 找、認識。
4. 做、後悔。

(二) A本習作解答參考：

1. (1)家、宜、宗、宣、客。
(2)浴、浮、消、淳、淑。
(3)照、燕、熹、燈、燒。
(4)按、折、投、指、抱。
(5)怡、恨、性、念、忠。
(6)仙、仁、休、位、伴。
(7)徐、徒、往、待、彷。
(8)第、笛、等、笨、算。
(9)紅、糾、級、紗、紛。

(10)艾、芳、花、苦、草。

2.(1)卻：他的功課沒寫，卻不會害怕。

(2)因此：他常常感恩，因此覺得日子特別美好。

(3)由於：由於他養子不教，小孩子的教養很差。

(4)甚至：他每天寄情山水，甚至忘了家人。

(三)

B本習作解答參考：

1.(1)寄——寄情山水。（寄信。寄出。寄送。寄父。寄生。）

(2)容——容許。（官易。易容。形容。內容。笑容。）

(3)示——暗示。（示意。提示。明示。告示。表示。）

(4)感——熱感應。（感謝。動感。感覺。敏感。）

(5)養——養子不教。（養分。營養。教養。養女。）

(6)覺——先知先覺。（睡覺。感覺。覺得。覺醒。）

2.(3)v。

3.(1)②　(2)①　(3)③　(4)⑤　(5)④　(6)⑥　(7)⑧　(8)⑦

第三單元 互助

總說

本單元透過動物互相幫助，手指的討論和當義工的活動，呈現助人和受人幫助得到的快樂。「高飛的小鳥」，主角接二連三受到幫助，完成從天空往下看世界的願望。「五隻手指頭」記敘：手指頭間爲了誰最重要爭吵得不睡覺，小指說出五隻手指一起遊戲一起工作的樂趣，體認互助的重要。「我也要當義工」，則是透過當義工點出施比受有福的道理。

課文結構上，三課都是記敘文，「高飛的小鳥」以東東爲主角，由其他三種鳥襯托，採用漸進式的段落安排，起先，接著，後來，最後等詞，串聯整篇文章，也把文章中的高度逐漸向上拉高。當東東達成願望，也是文章的結束，助人者和受助者都充滿喜悅。

「五隻手指頭」則是以半夜爲背景，爭論誰最重要爲主題，在各指的表述中，莫不認爲自己最爲重要，爭得誰也不讓誰。但是在小指的點醒下，發現平日一起做事一起玩才是有趣，互助才能帶來快樂。

「我也要當義工」，在段落安排上，第一段和第二段形式相同，意義也相近，透過叔叔姑姑的身教說明，讓文中的我發現助人帶來快樂，從而預期自己也將是圖書館中的快樂小義工。

七、高飛的小鳥

教材說明	1. 本課是記敘文，從東東的願望開始鋪陳情節，漸進式的往高處飛，讀起來散溢著溫馨的味道。 2. 除了生字之外，從「枝」延伸識字：翅，肢，技。作爲大量識字的基礎。 3. 在篇章結構上，學習起先，後來，接著等連接詞順序的用法，在語文活動與習作中作更廣的練習。
教學重點	1. 認識本課中時間的篇章結構，並學會使用時間順序的寫作。教師可依照學生程度或學習情況，一起創作再習寫。 2. 在語文活動，有一首楊喚的童詩，教師斟酌時間，可以仿作，也可以作分組改寫的嘗試。 3. 認識多音字：鑽、強、幾等字。 4. 學會句子的重組，有別於前幾冊塡號碼的方式，而是讓學生把內容寫一次，目的在於增加練習的次數。
教學建議	1. 補充資料中提供許多跟鳥有關的成語供作參考，教師可以在做詞語教學或是複習時提出來，以提高學習效果。 2. 本課在習作和補充資料庫提供許多和鳥有關的詩歌，教師可依需要作補充或是賞析。 3. 詞語教學中鼓勵學生造句，以增進學習效果。

八、五隻手指頭

教材說明

1. 本課是記敘文，描述手指頭之間的爭執，以擬人化的方式，呈現由爭吵到和好的過程，小指充當和事佬，消除爭吵，恢復甜蜜的感情。
2. 語文活動中，認識手和指字有關的成語。
3. 小小劇場：誰會說俏皮話，由說話練習中認識俏皮話。
4. 句型：「只有……一直……」的練習。
5. 學習使用含「看」字的詞語。

教學重點

1. 譬喻修辭練習：像柱子那麼高。
2. 同韻字修辭：我們做事一起出力氣，打球抓魚玩遊戲。
3. 相似字辨認：經由習作的題目認識相似字。

教學建議

1. 安排角色扮演，讓學生分飾手指頭，將課文中的句子作爲臺詞，或是鼓勵學生增加臺詞。
2. 延伸活動：改寫結局，讓學生發表對於最後小指的說明無效時，將會發生什麼事，由學生發表，或是紀錄下來。
3. 教學資料庫中提供謎語，童謠及宋詞，教師可依時機擇取使用。

九、我也要當義工

教材說明

1. 本課是記敘文，描述當義工的快樂。在寫法上，第一、二段相似，以總說開始，再分細項說明工作的內容。
2. 語文活動小小劇場是課文的延伸，加深在醫院當義工的印象。
3. 修辭變變變：學習不同的修辭方法。

教學重點

1. 同義詞使用：展開笑容，歡喜，開心，快樂等。
2. 學習條件句句型：「不論……都……」。
3. 類句修辭：「有時候……，有時候……」。
4. 呼應技巧：從第三段呼應第一、二段，我也將是一個快樂的小義工。
5. 練習看圖寫文章，從課文寫作方式引導看圖寫作。
6. 認識同音不同義字的用法。

教學建議

1. 教學資料庫中，提供與本課相關生字的謎語和成語，教師可於適當時間提出，作爲教學之補充。
2. 開心國是配合本課提到的快樂義工，以不同的詞形容義工做事的好心情，同時也增加語詞的數量。痛苦國的聯想也是爲了達到此項目的。
3. 生字部分，提出組字中同異部分，可依學習時間斟酌說明。

第七課 高飛的小鳥

一、聆聽與說話

引起動機

(一)語文遊戲：唱反調。

1.老師出題：

①說出相反的字，分組搶答：

大↔小。高↔低。天↔地。上↔下。哭↔笑。快↔慢。

男↔女。左↔右。前↔後。輕↔重。長↔短。

②說出相反的詞：

開心——生氣。小小的——大大的。往上——往下。山頂——山下。

2.可由各組輪流主持，其他組搶答。

(二)語文對話：複習前一課語文活動的對話練習。

講述大意

㈠ 概覽課文：以默讀方式瀏覽課文一遍。

㈡ 提問問題以歸納大意：利用問題，指導學生歸納每一段的大意。

1. 東東有什麼願望？
2. 第一次成功了嗎？
3. 第二次成功了嗎？
4. 最後誰幫他達成心願？
5. 東東和老鷹在空中做什麼？

㈢ 內容大意：綜合各段的段落意思，說出全課的內容大意。

東東有一個心願，燕子和雲雀都來幫牠忙，但都沒有成功，後來由老鷹幫忙而達成往下看世界的願望。

二、閱讀與識字

詞語教學

㈠學生課前預習，畫出新詞，並查字典，了解新詞意思。

㈡學生上課時提出新詞，老師請學生試念，並指導正確的發音和寫法。

㈢老師詢問學生對詞語的了解，若有特殊的生字，也加以指導。

㈣本課詞語指導：

1.心願：希望。

例句：我的心願是快快長大，就能環遊世界。

2.起先：剛開始的意思。

例句：起先，我跟她並不熟，後來才成為好朋友。

3.燕子：鳥名，身體小，尾巴分叉像剪刀。

例句：燕子築巢在屋簷下。

4.快速：形容動作很快的意思。

例句：一隻鳥從我眼前快速飛過。

5.不足：不夠的意思。

例句：我體力不足，已經走不動了。

6.樹枝：樹木旁生的枝條。（舉實例說明）

例句：樹枝上有三隻鳥，吱吱喳喳說著話。

7.老鷹：鳥名，是一種猛禽，視力良好，攻擊性很強。

例句：老鷹靠氣流上升才能飛得輕鬆。

8.伸平：請學生張開雙手與肩膀同高來說明。

例句：來！我們伸平雙手。

9.強壯：身體粗壯體力強。

例句：運動員身體都很強壯。

引導：讓學生發表認知中強壯的動物。（大象、獅子、老虎、棕熊、犀牛、河馬……）

10.雙翅：一對翅膀。

例句：那隻鳥的雙翅都掉了羽毛。

11.靠著：實例說明，讓背靠著椅子，或是兩人靠在一起。

例句：太累了，她靠著沙發就睡著了。

引導：讓學生體會有形的靠和無形的靠，具有不同的意思。

12.上升：往上移動的意思。

例句：上升的氣球愈飛愈遠。

13.幾乎：差不多，很接近的意思。

例句：他很高，頭幾乎要碰到天花板了。

14.廣大：地面或海洋很寬闊的意思。
例句：她很高，頭幾乎要碰到屋頂了。
15.世界：指地球上所有的地方。
例句：這世界很大，人口很多。
16.速度：移動中的物體在時間內的快慢程度。
例句：火車的速度比飛機慢。
17.旁邊：左右兩邊的意思。讓學生說說旁邊有哪些東西或人物。
例句：我的旁邊是小華。
18.美景：漂亮的景色。
例句：爸爸喜歡到處看美景。
引導：讓學生發表所知道的美景。
19.聊天：閑談的意思。
例句：全家一起聊天眞有趣。
引導：讓學生發表家人聊天的情形。
20.飄：隨風吹動的意思。（猜字謎：車票被風吹來。答案：飄。）
例句：東邊飄來一朵雲。

生字教學

1. 學生課前預查字音、字意、部首，並寫在A本習作上。
2. 本課生字：
①習寫字：
願（頁）部　燕（火）部　速（辵）部　枝（木）部　伸（人）部
強（弓）部　壯（士）部　翅（羽）部　靠（非）部　升（十）部
廣（广）部　世（一）部　界（田）部　度（广）部　旁（方）部
②認讀字：
鷹（心）部　貼（貝）部　鑽（金）部　景（日）部　聊（耳）部
飄（風）部
3. 辨別相似字：
①「壯」字是士，不是土。「狀」，「裝」，「妝」等字結構中都有爿字。
②「世」和「升」比較不容易看出部首，可以讓學生發表找這些字的經驗。
③「枝」，「肢」，「翅」，技等字都含有支字的字形。枝：樹枝。肢：四肢健全。翅：翅膀。技：技術。
④「幾」有兩個音：幾乎，快要的意思，幾（ㄐㄧ）讀第一聲。幾個，幾（ㄐㄧˇ）讀第三聲，用在計算數量或是時間上。

三、閱讀與寫作

內容深究

㈠ 提出問題，師生共同討論。

1. 文章理解的問題，參考前面歸納大意的問題。

2. 情意擴展的問題。

①你曾經被人幫過忙嗎？

②別人沒有幫忙成功，你會怎麼想？

③如果你幫助了別人，你會怎麼想？

④如果你是老鷹，你會跟東東說什麼？

⑤當你像東東一樣從空中往下看時，你最想看到什麼？

3. 文意探索的問題。

①東東爲什麼有這個願望？

②如果老鷹沒有幫他完成心願，東東會怎麼做？

③當東東回到地面後，他可以跟燕子和雲雀說什麼？

形式深究

㈠ 文體說明：

本課是記敘文。描述東東受到幫助完成願望的經過。

㈡ 段落安排：

1. 第一小段：小鳥東東有個願望。
2. 第二、三段：燕子要幫牠完成，但是沒有成功。雲雀接著幫忙，也沒有辦法完成。
3. 第四、五段：老鷹幫助東東達成從空中往下看世界的願望。

㈢ 結構分析：

全文
- 原因：東東有一個願望。
- 經過：雲雀和燕子的幫忙。
- 結尾：老鷹幫忙東東達成願望。

文章角色有四個，用漸進的方式達成東東的願望，第一次和第二次有相似的狀況，但是高度一次比一次高，最後終於達成願望，文章呈現圓滿的結局。

㈣ 主旨說明：

受到幫助或是幫助人是一件喜悅的事。

㈤ 修辭說明：

1.類疊法修辭：

快速的向上飛，向上飛。

上升上升再上升。

2.轉折句：

起先（燕子陪著他……），接著（雲雀來陪他……），後來（老鷹伸平強壯……）。

除了用在句子之外，也應用在寫作技巧上篇章的段落安排。

3.視覺的描寫：

從高高的天空，往下看美麗的大地。

4.首尾呼應的呈現：

第一段：東東往下看大地的願望。

最後：終於從高高的天空往下看，看到美麗的世界。

5.頂眞法修辭：

從高高的天空往下看，看到美麗的世界。

四、教學資料庫

語文補充

(一) 詩詞欣賞：

1. 燕詩示劉叟　唐．白居易

樑上有雙燕，翩翩雄與雌。
銜泥兩椽間，一巢生四兒。
四兒日夜長，索食聲孜孜。
青蟲不易捕，黃口無飽期。
嘴爪雖欲敝，心力不知疲。
須臾十來往，猶恐巢中饑。
辛勤三十日，母瘦雛漸肥。
喃喃教言語，一一刷毛衣。
一旦羽翼成，引上庭樹枝。
舉翅不回顧，隨風四散飛。
雌雄空中鳴，聲盡呼不歸。
卻入空巢裡，啁啾終夜悲。

燕燕爾勿悲，爾當反自思。
思爾為雛日，高飛背母時。
當時父母念，今日爾應知。

2. 對花 唐．于濆

花開蝶滿枝， 花朵盛開時，滿枝滿樹都是蝴蝶，
花謝蝶還稀。 花謝以後，蝴蝶就來的少了。
唯有舊巢燕， 只有老巢的燕子，
主人貧亦歸。 屋主變窮了，依舊會回來作窩。

㈡ 宋詞欣賞：

長命女 宋．馮延巳

春日宴，綠酒一杯歌三遍，再拜陳三願：
一願郎君千歲；二願妾身常健，三願如同梁上燕，歲歲長相見。

㈢ 跟鳥相關的成語：

1. 驚弓之鳥
2. 一石二鳥
3. 小鳥依人

4. 倦鳥知返
5. 倦鳥歸巢
6. 笨鳥先飛
7. 鳥盡弓藏
8. 鳥語花香
9. 鳥面鵠形
10. 鳥爲食亡
11. 鳥獸不可與同群
12. 鳥之將死，其鳴也哀

㈣兒歌：

1. 燕子燕沙沙，特來到你家。不吃你米，不吃你穀，借你梁下做個窩。
2. 燕子哥哥，梁上做窩。啣泥啣巢，從不懶惰。
   飛進飛出，活潑快樂，高高興興，呢喃唱歌。
3. 我是隻小小鳥，飛就飛，叫就叫，自由逍遙，
   我不知有憂愁，我不知有煩惱，只是愛歡笑。
4. 天上一天星，屋上一隻鷹，樓上一盞燈，桌上一本經，
   地上一枚釘。撿起地上的針，收起桌上的經，

吹滅樓上的燈，趕走屋上的鷹，數清了天上的星。

㈣ 童詩：

小蜘蛛　楊喚

要黏住小蚊子討厭的尖嘴巴。
要黏住小蒼蠅亂飛的小翅膀。
蜜蜂姐姐小心呀，
可別飛到這裡來給我蜜糖！
風兒把落花吹上我的網，
露水把珍珠掛上我的網，
最漂亮的呀，
是我的家！

解答參考

㈠ A本習作解答參考：

1. (1) 希望女兒快樂成長。
(2) 希望爸爸能夠戒煙。
(3) 希望爸媽帶我去迪士尼樂園玩。

2. (1)鋼琴聲從房間裡傳出來。
(2)朗讀聲從教室裡傳出來。
3. (1)④ (2)③ (3)⑤ (4)② (5)①。
4. 起先，小明起床了。
接著，小明換好衣服，吃早餐。
後來，他告別媽媽，上學去。

(二) B本習作解答參考：
1. (1)心願 (2)燕、雀 (3)升 (4)速 (5)枝 (6)靠 (7)貼。
2. (1)鑽出來、鑽石 (2)強壯、勉強、倔強 (3)幾個人、幾乎。
3. 小鳥東東有個小小的心願，他希望飛到高高的天空，往下看看美麗的大地。
4. 請自由發揮。

第八課 五隻手指頭

一、聆聽與說話

引起動機

(一)語文遊戲：念兒歌

1.大拇哥，二拇弟，三中娘，四小弟，小妞妞來看戲。手心手背心肝寶貝。

2.學生跟著老師念，一邊念一邊伸出手指頭，念到心肝寶貝時，雙手交叉在胸前。

3.也可以一邊念一邊點人，念到貝字時，看看點到誰，由被點到的人表演一項節目。

(二)語文對話：複習前一課對話。

講述大意

(一)概覽課文：以默讀方式瀏覽課文一遍。

(二)提問以歸納大意：利用問題，指導學生歸納每一段的大意。

1.五隻手指頭在做什麼？

2.大拇指說什麼？

3.食指說什麼？

4.中指說什麼？

5.無名指說什麼？

6.四隻手指頭後來怎麼樣？

7.小拇指說什麼？結果怎樣？

㈢內容大意：綜合各段的段落意思，說出全課的內容大意。

五隻手指頭爲了誰最重要而吵起來，經過小指說明大家合力做事的重要，大家才又和好。

二、閱讀與識字

詞語教學

㈠學生課前預習，畫出新詞，並查字典，了解新詞意思。

㈡學生上課時提出新詞，老師請學生試念，並指導正確的發音和寫法。

㈢老師詢問學生對詞語的了解，若有特殊的生字，也加以指導。

㈣本課詞語指導：

1.手指頭：就是手指。

例句：我有十隻手指頭，動作靈巧會做事。

2.半夜：晚上十二點，或是十二點以後的時間。

例句：半夜裡，警察局的燈還是亮著。

3.睡著：入睡的意思。

例句：妹妹睡著了，不要吵她。

4.到處：不論哪裡。

例句：馬路上到處是車子。

5.翻：讓學生看手心手背，體會翻的感覺。翻還有把東西打開的意思。

例句：爺爺睡不著，在床上翻過來翻過去。

例句：請你把書翻到第六頁。

6.大拇指：就是拇指。讓學生比出拇指，說說代表的含意。

例句：大拇指長得短短胖胖，很可愛。

7.重要：具有重大的意義，包含人或是東西和事件。

例句：陽光、空氣、水是生活最重要的東西。

引導：讓學生發表對他自己最重要的人或物品。

8.柱子：支撐建築物的東西。（舉教室周圍柱子說明）

例句：那座涼亭有八根柱子。

9.彎著腰：以動作說明。讓學生彎下腰，體會身體變化的感覺。
例句：我彎著腰找滾進椅子下的鉛筆。
10.戒指：以實物說明。
例句：這是一只金戒指，上面有小鑽石。
11.遊戲：玩耍的意思。讓學生說說最常玩的遊戲。
例句：弟弟愛玩大富翁的遊戲。
12.緊緊：密，跟鬆相反的意思。讓學生握緊拳頭，張開手指，比較不同的感覺。
例句：妹妹把奶奶的手緊緊的握著。
13.甜甜蜜蜜：很親愛的意思。甜蜜有另一個意思：東西很甜。
例句：甜甜蜜蜜的糖祝福新郎新娘甜甜蜜蜜過一生。
引導：讓學生發表甜蜜的食品，甜蜜的感覺。

字形教學

1.學生課前預查字音、字意、部首。並寫在A本習作上。
2.本課生字：
①習寫字：
指（手）部　夜（夕）部　睡（目）部　翻（羽）部　拇（手）部
重（里）部　柱（木）部　彎（弓）部　腰（肉）部　戒（戈）部

遊（辶）部 緊（糸）部 甜（甘）部 蜜（虫）部

處（虍）部 戲（戈）部

②認讀字：

以食指書空練習，也可以讓小朋友上臺表現寫字。

3.辨別相似字：

①蜜和密同音，最底下一是虫，一是山。密有仔細緊密的意思，如密切注意。

②「住」、「注」、「柱」、「駐」、「註」都含有主字的音和形，但意思並不相同。

住：居住，住家。注：注意，注射。柱：柱子，梁柱。駐：駐守，駐軍。註：註冊，註定。

③「悄」、「俏」、「銷」、「消」都含肖字的形和韻，用法不相同。

悄：悄悄的。俏：俏麗。銷：銷售一空。消：消化不良。

三、閱讀與寫作

內容深究

㈠提出問題，師生共同討論。

1.文章理解的問題，參考前面歸納大意的問題。

2.情意擴展的問題。

①如果你是大拇指，你會再說出哪些特別的功用？
②如果你是食指，你會再說出哪些特別的功用？
③如果你是中指，你會再說出哪些特別的功用？
④如果你是無名指，你會再說出哪些特別的功用？
⑤如果你是小指，你會再說出更多五指合作的事？
⑥朋友之間吵架時，你怎樣用小指的說法來勸告他們？

3. 文意探索的問題。

①除了小指之外，為什麼其他四隻手指會覺得自己最重要？
②小指如果也起來爭自己第一，他會怎樣說？
③平常你會覺得自己最重要嗎？為什麼？
④小拇指一說，大家都覺得有道理，你覺得呢？
④如果大家還是不聽小指的說法，你想結局會怎樣？

形式深究

㈠文體說明：

本篇是帶寓言性質的記敘文。描述五隻手指從爭吵到體會互助重要的經過。

㈡段落安排：

1. 第一段：半夜五隻手指睡不著。
2. 第二、三、四、五、六小段：從大拇指到無名指都分別強調自己的重要，誰也不服誰。
3. 第七段：小指頭說出一起合力做事的樂趣，大家覺得很有道理。

㈢ 結構分析：

全文
- 原因：大家睡不著。
- 經過：爭吵的內容。
- 結果：和好的結局。

故事內容簡單，藉由手指頭各自表述重要性，表現爭吵的畫面，再經由小指的提醒，四指想起五指互助的樂趣，再度恢復甜蜜的感情。

㈣ 主旨說明：

團體中每個人都很重要，互相合作能做更多的事，也帶來更多的樂趣。

㈤ 修辭說明：

1.句型：「只有……一直……」

半夜裡，只有五隻手指頭翻過來翻過去，一直睡不著。

客廳裡，只有爸爸走過來走過去，一直說太好了，太好了。

2.比喻法修辭：

我長的像柱子那麼高那麼直。

樹上的幼蟲像粉筆那麼白那麼粗。

3.同韻字的使用：

我們做事一起出力氣，打球抓魚玩遊戲，只要少了一個就沒趣。

「氣」、「戲」、「去」，都是同韻字。

4.笑聲的修辭：

哈哈一笑、微微一笑。

四、教學資料庫

語文補充

(一) 和「指」有關的成語

1.指鹿為馬

2. 瞭如指掌
3. 口講指畫
4. 指日可待
5. 伸手不見五指
6. 指名道姓
7. 指腹爲婚
8. 指桑罵槐
9. 指揮若定
10. 食指大動
11. 令人髮指
12. 首屈一指
13. 指點迷津
14. 掐指一算

㈡ 拜神的故事：

有一次，各隻手指頭誇耀自己多麼受重視。大拇指說他是代表最優秀的第一名，食指說他最重要，因爲人們總是說食指大動，中指說他長的最體面，無名指說女士總用他塗勻口紅。小指默默無語，覺得很難過。當雙手合掌拜神時，小指頭發現他離神最近，就不再難過了。

㈢ 寓言：點石成金

神仙用他的手指點一塊石頭，石頭變成了黃金，神仙把金塊送給路人。只有一個小孩不要，神仙覺得很奇怪，小孩說：我不要金塊，我要……。原來他要神仙的手指頭。神仙於是傳授點金術給這個小孩子。

㈣ 想一想：

有人會伸著食指罵人，他並沒有想到一隻手指指著別人時，還有四隻手指正指著自己。因此要說別人不是時，應該先想一想自己有資格罵人嗎？

㈤ 指頭會做什麼動作：

拿、握、按、拍、彈、拾、推、採、撿、擰、攪、摘、指、執……

㈥ 猜謎語：

1. 舌頭有甘味（甜）
2. 要一塊肉（腰）
3. 母親的手（拇）
4. 主人的木頭（柱）
5. 千里路不見（重）

6.番茄加羽毛（翻）

(七) 唸謠：

天皇皇，地皇皇，我家有個夜哭郎，
過往君子念三遍，一家睡到大天亮。

(八) 宋詞欣賞：

生查子　宋‧歐陽修

去年元夜時，花市燈如晝。
月上柳梢頭，人約黃昏後。
今年元夜時，月與燈依舊。
不見去年人，淚濕青衫袖。

元夜：上元夜，又叫元宵，就是農曆正月十五夜，也就是燈節。
花市：繁華的街市。

解答參考

(一) A本習作解答參考：

1. (1)教室裡只有老師擦過來擦過去，一直想把黑板擦乾淨。

(2)老師的話聽起來好甜蜜。
(3)比賽，得獎了最甜蜜。
2.(1)看家本領　(2)霧裡看花　(3)走馬看花　(4)看中

㈡

B本習作解答參考：

1.(1)半夜　(2)不見五指　(3)柱子　(4)彎下腰
2.(1)睡覺　(2)翻翻　(3)拇指　(4)甜蜜
3.(1)我居住的地方有警衛駐守。
(2)到處靜悄悄，原來大家去看刀鞘。
(3)媽媽每天最重要的事是去運動。
4.(1)速：辵部：速食、超速。
(2)世：一部：過世、人世。
(3)貼：貝部：便利貼、貼心。
(4)壯：士部：理直氣壯、壯丁。
(5)戲：戈部：戲弄、演戲。
(6)翅：羽部：展翅高飛、魚翅。

第九課 我也要當義工

一、聆聽與說話

引起動機

(一)語文遊戲：親戚喜相逢

1.第一個說：我有一個叔叔。第二個人接著說：我有一個叔叔，兩個姑姑。第三個人說我有一個叔叔，兩個姑姑，三個堂哥。

依此順序說，接不上的人或重複親戚名稱的就算輸了。

2.先討論親戚稱呼：如舅舅，舅媽，阿姨，姨丈，表姐等。

(二)語文對話：複習前一課語文活動對話。

講述大意

(一)概覽課文：以默讀方式瀏覽課文一遍。

(二)提問以歸納大意：利用問題，指導學生歸納出各段大意。

1. 叔叔在哪裡當義工？他覺得怎樣？

2. 姑姑在哪裡當義工？他覺得怎樣？

3. 我也要去哪裡當義工？

㈢ 內容大意：綜合各段的段落意思，說出全課的內容大意。

叔叔和姑姑都在當義工，他們都當得很快樂，他們也鼓勵我去圖書館當一個快樂的小義工。

二、閱讀與識字

詞語教學

㈠ 學生課前預習，畫出新詞，並查字典，了解新詞意思。

㈡ 學生上課時提出新詞，老師請學生試念，並指導正確的發音和寫法。

㈢ 老師詢問學生對詞語的了解，若有特殊的生字，也加以指導。

㈣ 本課詞語指導：

1. 義工：自願去做事而不領薪水工作。

　例句：王伯伯是國家公園的解說義工。

2. 叔叔：爸爸的弟弟。也用來稱呼比爸爸年紀小的男性。

例句：叔叔喜歡吃爸爸做的三明治。

3.至少：最少。

例句：你至少喝一碗湯，免得餓過頭。

4.指引：指示和引導。

例句：當地人指引我們走另一條道路，以避開塞車路段。

5.如何：怎麼樣。

例句：你的父親如何上班？

6.推：以動作說明，教師在桌上推一本書，或是推動桌子。

例句：我們一起把故障的車推走。

7.病床：病人使用的床。讓學生發表所知的病床有哪些特殊的地方。

例句：我們進病房時，護士正在整理病床。

8.或是：表示不定的連詞。

例句：爸爸或是媽媽都可以去參加說明會。

9.故事：傳說中的舊事。讓學生發表故事。

例句：大人小孩都喜歡聽故事。

10.姑姑：爸爸的姊妹。已經嫁人的叫姑媽。

例句：姑姑和爸爸一起去選購爺爺的生日禮物。

11.服務臺：公共場所為大眾幫忙的地方。讓學生發表所知的服務臺及其服務事項。

例句：百貨公司的服務臺讓顧客寄放東西。

12.不論：不管怎樣。

例句：不論男女不論老少，大家一起做打掃工作。

13.需要：對事物的要求。

例句：我需要喝水、吃飯。

引導：讓學生發表生活中需要的東西。

14.幫助：替人出主意，或是用人力、物力去支持別人的意思。

例句：幫助別人不是爲了得到稱讚。

引導：讓學生發表幫助人該注意的事項。

15.天文館：也叫做天文臺，專門觀測天象的場所，同時也提供天文教育或星相觀測推廣等活動。

例句：天文館是學習天文知識的好地方。

生字教學

1.學生課前預查字音、字義、部首。並寫在A本習作上。

2.本課生字：

①習寫字：

叔（又）部　至（至）部　引（弓）部　何（人）部　推（手）部

病（疒）部　床（广）部　或（戈）部　故（攴）部　姑（女）部

務（力）部　論（言）部　需（雨）部　助（力）部

②認讀字：

義（羊）部　醫（酉）部　號（虍）部　潔（水）部　鼓（鼓）部　勵（力）部

以食指書空練習，也可以讓小朋友上臺表現寫字。

3.辨別相似字：

①須要和需要有所區別，「須」含有應當，必定的意思，如：生活須知，人必須吃飯。「需」大多用作動詞，如：我需要五百元。

②「推」、「錐」、「誰」、「睡」都含有隹字的形和韻。

推：推走，推車。錐：圓錐體。誰：看誰來了？睡：睡覺。

③「姑」、「估」、「故」有古字的形和韻。

姑：姑媽。估：估計。故：故事。

④「倫」、「輪」、「論」、「淪」含侖的形與韻。

倫：倫理。輪：輪子。論：討論。淪：國土沉淪。

三、閱讀與寫作

內容深究

㈠提出問題，師生共同討論。

1.文章理解的問題，參考前面歸納大意的問題。

2.情意擴展的問題。

①叔叔在醫院幫忙做什麼事？

②姑姑喜歡當義工嗎？爲什麼？

③文中的我會去哪裡當義工？

④圖書館裡可以幫忙做哪些事？

⑤你想去哪些地方當義工？爲什麼？

3.文意探索的問題。

①爲什麼病人展開笑容，叔叔會很歡喜？

②叔叔和姑姑爲什麼鼓勵文中的我去當義工？

③爲什麼我也會是一個快樂小義工？

形式深究

㈠ 文體說明：

本課文體是記敘文，一共分三段；一、二段情節相似，第三段以主角也要當義工，呼應第一、二段。

㈡ 段落安排：

1. 第一段：叔叔在醫院當義工，做得很歡喜。
2. 第二段：姑姑在天文館當義工，能為別人服務很開心。
3. 第三段：我也將成為圖書館的快樂義工。

㈢ 結構分析：

全文
- 舉例說明：叔叔當義工的情形和心情。
- 舉例說明：姑姑當義工的經驗和情形。
- 結語呼應：我也要當義工。

本文採用事例說明，從叔叔和姑姑當義工的內容、當義工的感受，證明當義工快樂多，最後鼓勵作者也去當義工，讓作者產生歡喜的期待。

㈣ 主旨說明：

當義工幫助別人，雖然很忙，卻是一件快樂的事。

㈤ 修辭說明：

1.條件句：

「不論……都……」：不論做什麼，姑姑都做的很開心。

不論他怎樣笑我，我都不會生氣。

2.忙得不得了：形容非常忙。不得了是含有非常、怎樣的意思，如：開心得不得了，急得不得了。

3.類句修辭：

有時候在服務臺……，有時候在庭院……有時候……，有時候重複出現。

4.同義詞的使用：

展開笑容，歡喜，開心，快樂都是好心情的描述詞語，用不同的詞語讓文章不單調。

5.篇章技法：第一段、第二段都用相同的寫法，先總說：叔叔是醫院的義工，再分項說明義工的內容，便是屬於分說的部分。

6.呼應的技巧：從第三段：我也將是一個快樂的義工，呼應第一、二段的意義。

四、教學資料庫

語文補充

(一) 跟「醫」有關的成語：

1. 心病還需心藥醫
2. 死馬當活馬醫
3. 久病成良醫
4. 諱疾忌醫

(二) 跟「天」有關的成語：

1. 天下無雙
2. 天公作美
3. 吉人自有天相
4. 天之驕子
5. 天經地義
6. 天誅地滅
7. 不見天日

8. 不知天高地厚

9. 天長地久

㈢ 杞人憂天的故事：

杞國有個人，生性愛擔憂，一下子怕地裂開，一下子煩惱河水向上流，整天憂心忡忡，從來沒有開心過。有一天他又很緊張的說：怎麼辦？天如果塌下來，我們都會被壓扁。說著，又開始皺起眉頭，到處去告訴左鄰右舍：天要塌下來了。聽到的人都不禁笑出來，跟他說：天塌下來，一定是先壓到高個子，你這麼矮，別擔心！

㈣ 猜謎語：

1. 古時候的女人（姑）

2. 我有一隻羊（義）

3. 一隻弓（引）

4. 有上又有小（叔）

5. 推走了手，加了土（堆）

6. 推走了手，加了金（錐）

7. 大官吃東西（館）

8. 臉皮厚又厚，肚子空又空，敲他就叫痛痛（鼓）

9.可愛的人（何）

10.添人添口又添丁（何）

11.古代的美女（姑）

(五) 想一想，在各種建築中，有哪些館？

圖書館、飯館、旅館、天文館、博物館、美術館……

(六) 和開心相同意思的詞：

歡喜、快樂、喜悅、開懷……

(七) 唐詩欣賞：

新嫁娘　唐．王建

三日入廚下，洗手做羹湯。

未諳姑食性，先遣小姑嘗。

註：第一個姑指婆婆，第二個姑是丈夫的妹妹。

(八) 兒歌：

正月到姑家，姑家未種瓜。

二月到姑家，姑家正種瓜。
三月到姑家，姑家瓜發芽。
四月到姑家，姑家瓜開花。
五月到姑家，姑家花長瓜。
六月到姑家，姑家正吃瓜。

解答參考

(一) A本習作解答參考：

1. (1)期　(2)固　(3)館　(4)勵　(5)清。

2. (1)人生的意義要自己去尋找。
(2)我明白你說這段話的意思了。
(3)事情有難易，慢慢做都會完成。
(4)每到中秋節，爸爸就開始回憶童年的時光。
(5)早起益處很多。

3. (1)博物館。博物館幫忙。當義工是一件有趣的事。
(2)植物園。當導遊為遊客解說。在植物園待再久，都不覺得累。
(3)圖書館。幫忙把書上架。當我忙完，坐下來看書，就是我最開心的時候。
(4)文章一篇：

爸爸在博物館當義工。每個月第一個星期天上午，爸爸會在博物館幫忙，有時候指引遊客的參觀方向，有時候分發介紹資料。有一次還當起臨時保母，照顧一對小姊妹，直到她們的媽媽來帶走。爸爸說：在博物館當義工是一件有趣的事。

媽媽在植物園當義工，因為她喜歡花花草草，更喜歡介紹花花草草的工作。一到星期六，媽媽就會在植物園裡面，為有興趣的遊客當導遊。不論是大樹區，還是水生池，讓媽媽一說，大家都容易記住。媽媽說：在植物園待再久，都不覺得累。

我在圖書館當小義工，因為我愛看書。我會幫忙把書上架，也會修補破損的書，也會把雜誌歸類。當我忙完，坐下來看看書，就是我最開心的時候。

(二) B本習作參考解答：

1.
(1) 叔叔說：看到生病的人展開笑容，心裡就特別的歡喜。
(2) 一到假日，她就在服務臺幫忙遊客找東西。
(3) 叔叔是醫院的義工，他每個星期至少有一天在醫院幫忙。

2.
(1) 高興、歡喜、喜悅。
(2) 難過、煩悶、生氣。

總說

第四單元　假日生活

本單元主題是「假日生活」，一共有三課：第十課是「曬衣服」，本課是一篇記敘文，敘述作者和媽媽在曬襪子時，一陣風吹過來，夾在曬襪架上的襪子，好像坐在摩天輪上，作者特地爲「曬襪架」寫了一首詩，媽媽看了稱作者是有創意的小作家。第十一課是「洗碗」，本課是一篇記敘文，敘述奶奶用洗米水洗碗，洗得乾淨又亮晶晶，又不會污染下水道和河流，所以作者稱讚奶奶是環保高手。第十二課是「美麗的山」，也是一篇記敘文，敘述一家人對山的感覺。他們被山擁抱了，看到山下的風景。在茶園採茶、喝茶。下雨了，山美麗得像當新娘子的媽媽，使媽媽笑了。

假日時，讓孩子幫忙做家事，就是一種學習。這項學習會讓孩子受用無窮，爲什麼？生活中的事讓孩子有參與感，孩子比較容易體恤父母的辛勞。爬山是一種休閒活動，也是最好的學習。有人說大自然就像一本書，只要你願意，隨手一翻，都可以得到一些寶貴的認知或啓示。

十、曬衣服

教材說明

1. 這是一篇記敘文，敘述媽媽和孩子之間互動的情形。藉著曬衣服這件事，孩子不但願意幫忙做家事，而且在做家事當中也有了學習，學習作一首詩，媽媽幫忙改詩，並一再稱讚孩子，使孩子對自己越有信心。
2. 語文活動中，有「組詞」練習，在短文中練習「部首」和「詞義」，生動又有趣。
3. 舉出實例，介紹詩歌和散文有什麼不同。

教學重點

1. 本課句型：有條件句：「一……就……」。風一吹，襪子就轉呀轉的。
2. 本課修辭：有譬喻修辭：「……好像……」、「……變成……」。
①曬襪架圓圓的，好像遊樂場的摩天輪。（明喻）
②我們一起來，把這個有趣的發現變成一首詩。（暗喻）
3. 夾住的「夾」是「大」部首，跟「人」部首的「來」很像，指導學生不要寫錯了。
4. 欣賞園地中，欣賞一首「媽媽和我」的詩歌。

教學建議

1. 能引導學生說一說會幫忙做哪些家事？有什麼心得？
2. 語文補充中，有詩歌，有猜謎，有古人說的話，可以讓老師教學時參考。

十一、洗碗

教材說明

1.這是一篇記敘文，敘述作者和奶奶一起洗碗的情形，也等於奶奶幫作者上了一節跟環保有關的課。洗碗不一定要用洗碗精，可以利用洗米水洗碗，不僅資源利用，又不會污染下水道，眞是一舉兩得。

2.語文活動中，有自述法的寫作介紹。

3.利用情境練習寫短文，訓練學生組織的能力。

教學重點

1.本課句型：有並列句：「又……又……」。洗碗機又耗水又耗電，我們用手洗吧！

2.疊字詞：搖搖手、點點頭等的練習。

3.留住的「留」是「田」部首，和「水」部首的「流」不同，指導學生分辨和應用。

4.欣賞園地中，介紹「神射手和賣油老人」的故事。

教學建議

1.能引導學生說一說在生活當中，怎麼做會更環保的心得，讓大家分享。

2.語文補充中，有「白布掉染缸——洗也洗不清。」和「狗拿耗子——多管閒事。」的歇後語。

3.介紹「母親節的由來」，還有詩歌欣賞，以及跟本課生字有關的猜字謎活動。

十二、美麗的山

教材說明

1.這是一篇記敘文，敘述作者和全家一起去爬山的情形。爬上了山，到茶園採茶，還在一家茶館一邊喝茶一邊欣賞雨景，並且把家人之間的互動都描述出來，特別的吸引人。尤其是結尾，把媽媽逗笑了，整個山也笑了，讀起來多麼感人。

2.習作中有「倒裝句」的練習，使句子更生動活潑。

3.指導學生透過人體五種「感覺器官」去取材，寫作內容將更寬廣、豐富

教學重點

1.本課句型：有並列句：「……也……」。媽媽開心的笑了，山也跟著笑了。

2.本課修辭：有譬喻修辭：「……好像……」、「……像……」。

①我對著山大聲的叫著：「喔依～喔依～」好像人猿泰山一樣神氣。

②雨中的山，穿著一層薄薄的紗，美麗得像是當新娘的媽媽。

3.「齊」是「齊」部，和「齋」不同，要指導學生分辨和應用。

4.欣賞園地中，欣賞成語故事「因小失大」的由來。

教學建議

1.爬山是一種很好的休閒活動，鼓勵學生多爬山、多運動，並說說爬山的心得，讓大家分享。

2.語文補充中有笑語、詩歌、猜謎，可以讓老師教學時參考。

第十課　曬衣服

一、聆聽與說話

引起動機

(一)語文遊戲：誰是最佳導遊？

1.目的：透過整理資料與表達能力的學習，讓學生能介紹一些具有特色的風景區。

2.方法：

①老師先將學生分組，大約四至五人一組，共同討論蒐集的資料。

②課前請學生上網或看書，去蒐集某一個風景區的資料。

③上課時，每一組推派一個學生上臺，以「導遊」的身份向遊客介紹該風景區的特色。

④臺下的學生就是「遊客」，也可以提出問題，請「導遊」再詳細說明。

⑤老師講評之後，選出三名「最佳導遊」，給予獎勵。

(二)語文對話：

上一課的小小劇場是「當義工」，叔叔和姑姑最喜歡的事，是到醫院當義工，幫助一些需要幫助的人。可以讓學生說一說他們最喜歡做的事是什麼？練習抓住重點把話說清楚。因爲有自己親身經歷的事，在說話時，不僅有內容，也會把生動、吸引人的部份詳細的說明。

講述大意

(一)概覽課文：以默讀方式，把課文讀一遍。

(二)提問以歸納大意：利用問題，指導學生練習歸納全文的意義。

1. 風一吹來，曬襪架的襪子好像什麼？
2. 作者寫了一首怎樣的詩？
3. 媽媽怎樣稱讚作者？

(三)內容大意：綜合各段的段落大意，說出全文的內容大意。

作者和媽媽一起曬衣服時，一陣風吹過來，夾在曬襪架上的襪子，好像坐在摩天輪上，作者特地爲「曬襪架」寫了一首詩，媽媽看了稱作者是有創意的小作家。

二、閱讀與識字

詞語教學

(一)學生課前預習，提出新詞，並查字辭典，了解新詞的意思。

(二)學生上課前提出新詞，老師請學生試念，並指導正確的發音和寫法。

(三)教師詢問學生對詞語的了解，若有特殊生字，也要加以指導。

(四)本課詞語指導：

1.曬衣服：把衣服放在陽光下，使它變乾。「曬」：東西在陽光下吸收了光和熱，使水分蒸發，變成乾燥的過程，如曬乾。

例句：我很喜歡幫媽媽曬衣服，把一件一件衣服掛在竹竿上，眞好玩。

引導：太陽落西山。——猜一字（晒）

2.襪子：穿在腳上的東西。「襪」：有的是用棉、毛、絲或麻做成的，穿在腳上可以保暖，如毛襪。

例句：我有五雙不同顏色的襪子，上學時，一天穿一雙，都不會弄錯。

引導：襪子。——猜一字（跑）

3.夾：把東西從兩邊拿起來，如夾菜。用來夾東西的器具，如夾子。

例句：媽媽買了一隻新髮夾，夾在頭髮上，看起來年輕多了。

引導：看這三個人，合力抬一根棒子，大人用頭頂，小孩用肩扛。——猜一字（夾）

4.曬襪架：曬襪子的器具。

「架」：放置或支撐物體的東西，如書架。驕傲的姿態，如擺架子。

例句：媽媽買了一個圓形的曬襪架，一次可以曬十雙襪子。

引導：十加八。——猜一字（架）

5.一陣：單位量詞，如一陣風，一陣雨。「陣」：表示一段時間，如一陣子。指戰場，上陣殺敵。

例句：在上課時，突然一陣風吹來，大家覺得精神一振。

6.圓形：指圓的形狀。「圓」：從中心到周圍，每一點的距離都相等，叫做圓。形容對各方面都應付得很周到，如圓滑。

例句：弟弟的臉是圓形的，肚子也是圓形的，眞是討人喜歡。

引導：員外受困。——猜一字（圓）

7.興奮：情緒很緊張，很高昂的樣子。「奮」：鳥振動翅膀，如奮翼高飛。努力進取，有所作爲，如奮發有爲。

例句：姐姐當選班上的愛心天使，興奮得滿臉發紅。

引導：大鳥從田上飛起。——猜一字（奮）

8.詩：一種文學體裁，用最少的文字表現美感，抒發心中情感。可以分爲舊詩和新詩兩種。舊詩又分爲古體詩和近體詩，必須押韻，同時字數固定。新詩可以押韻，也可以不押韻，每一句的字數不定，也稱現代詩或白話詩。很會寫詩的人，稱爲詩人。把一個人或很多人的詩收集成一本，叫做詩集。

例句：姐姐立志當個詩人，寫幾首能流傳千古的詩。

9.修改：把原來的東西加以修正改變，使它變得更好。「修」：修改後使它正確，如修正。待人處事的良好態度，如修養。「改」：修改，如改文章。不再做壞事，回到正路上，如改邪歸正。

例句：有人說好的文章是經過修改出來的，的確是有道理。

引導：「修」和「休」同音，但意思不同，「修」是研究、學習的意思，如修養、修辭。「休」是停止的意思，如休息。

10.小飛俠：故事中能夠飛行的小俠士。「俠」：仗義勇爲，幫助弱小的人，如俠士。勇敢而能扶助弱小的行爲，如俠義。

例句：海盜船中那個小飛俠又勇敢又淘氣，深受廣大讀者的喜愛。

11.盪：搖動，如蕩漾。

例句：他一天到晚盪來盪去的，什麼正經事也沒做。

引導：「盪」和「蕩」有什麼分別？它們都有搖動的意思，但「動盪」、「盪鞦韆」都不用「蕩」。「蕩」含有放縱、毀壞的意思，如放蕩、傾家蕩產。

12.暈：頭腦昏亂，如頭暈、暈頭轉向。太陽和月亮周圍的光環，如日暈、月暈。

例句：妹妹很怕數學，每次一看到一堆數字，她的頭就暈了。

引導：太陽下行軍。——猜一字（暈）

13.酸：全身又酸又痛，如酸痛。

例句：媽媽好久沒爬山，前幾天去爬觀音山，回家後全身酸痛了好幾天。

生字教學

1. 學生課前預查字音、字義、部首，並寫在A本習作上。

2. 本課生字有：

①習寫字：

曬（日）部 襪（衣）部 夾（大）部 架（木）部 陣（阜）部

圓（口）部 奮（大）部 詩（言）部 修（人）部 改（攴）部

俠（人）部 盪（皿）部 暈（日）部 酸（酉）部

②認讀字：

摩（手）部 輪（車）部

3. 辨別相似字：

①一陣的「陣」是「阜」部首，右邊附件是一個「車」字，學生容易寫成「東」。

②頭暈的「暈」是「日」部首，不要寫成「艸」部首的「葷」。「葷」是指辛辣的菜和肉類食物。

③夾住的「夾」是「大」部首，跟「人」部首的「來」很像，指導學生不要寫錯了。

三、閱讀與寫作

內容深究

(一) 提出問題，師生共同討論。

1. 文章理解的問題，請參考前面歸納大意的問題。

2. 情意擴展的問題。

①你會喜歡幫忙媽媽做家事嗎？

②作者為曬襪架寫一首詩，能幫他評分嗎？

③你寫作哪一首詩最得意，能跟大家分享嗎？

3. 文意探索的問題。

①曬襪架為什麼像遊樂場的摩天輪？

②襪子為什麼像人坐在摩天輪上？

③曬襪架這首新體詩，共分為幾段？

形式深究

(一) 文體說明：

本課是一篇記敘文，敘述作者和媽媽在曬襪子時，有了靈感寫了一首詩。

㈡ 段落安排：

1. 第一段：曬襪架給了作者靈感，於是作者寫了一首詩。
2. 第二段：描述曬襪架這首詩的內容。
3. 第三段：媽媽稱讚作者是小作家。

㈢ 結構分析：

曬衣服
- 寫詩的動機：看見圓圓的曬襪架，在風中轉呀轉的。
- 詩的內容
  - 1. 襪子像是摩天輪上的小飛俠。
  - 2. 襪子在風中轉或盪的情形。
  - 3. 作者關心襪子的情形。
- 結語：作者覺得內容有創意。

這是一篇記敘文，敘述媽媽和孩子之間互動的情形。藉著曬衣服這件事，孩子不但願意幫忙做家事，而且在做家事當中也有了學習，學習作一首詩，媽媽幫忙改詩，並一再稱讚孩子，使孩子對自己越有信心。

(四) 主旨說明：

生活就是一種學習。（讓孩子幫忙做家事，就是一種學習。這項學習會讓孩子受用無窮，爲什麼？生活中的事讓孩子有參與感，容易培養孩子體貼、感恩的心，能體貼、感恩，自然而然就會孝順父母。所以生活中的事，父母不要代勞，使孩子失去學習的機會。）

(五) 修辭說明：

1. 條件句：

「一……就……」：風一吹，襪子就轉呀轉的。

一下雨，奶奶的風濕病就發作了。

2. 譬喻修辭：

「……好像……」：曬襪架圓圓的，好像遊樂場的摩天輪。

哥哥的脖子伸得長長的，好像動物園裡的長頸鹿。

「……變成……」：我們一起來，把這個有趣的發現變成一首詩。

我們一起努力，把這一塊荒地變成美麗的玫瑰園。

四、教學資料庫

語文補充

㈠ 俏皮話：

1.「小鬼曬太陽—沒影子」

據傳說中，鬼在太陽底下是沒有影子。那這句俏皮話是什麼意思？是指不可能的事，如某先生很忙，你想找他，就可以說：「小鬼曬太陽——沒影子」。

2.「沒底的襪子——一直往上升」

你穿過沒底或破洞的襪子嗎？這時，你一拉襪子，襪子就一直往上升。因此這句俏皮話是比喻職位一直往上升的人。如王先生最近連升兩級，可以說他是「沒底的襪子——一直往上升」。

㈡ 詩歌欣賞：

坐坐唱唱，
曬太陽。
冬天的太陽像毛毯，
蓋在身上暖洋洋。

㈢ 古人說的話：「行不改名，坐不改姓。」

這句話是說一個人的行為光明磊落，沒有做見不得人的事，根本不需要隱藏眞面目。我們看過作奸犯科的人，想逃過法律的制裁，於是改名換姓，逃到國外去。這跟古人所說的話，成了明顯的對比。

㈤ 猜謎：

一顆火球圓又大，
高掛天空放光明，
夜裡不見它蹤影，
白天不能沒有它。

——猜一自然現象（太陽）

㈥ 多音字：

興
- ㄒㄧㄥˋ 高興、興趣。
- ㄒㄧㄥ 興起、興奮。

轉
- ㄓㄨㄢˇ 轉變、轉移。
- ㄓㄨㄢˋ 轉個圈、轉呀轉。

(七) 形近字：

- 非
  - ㄆㄞˊ 排——排隊、幾排。
  - ㄈㄟ 緋——緋紅、緋聞。
  - ㄈㄟˇ 誹——誹謗。
  - ㄈㄟ 啡——嗎啡、咖啡。
- 攵
  - ㄍㄞˇ 改——改正、改本子。
  - ㄈㄤˋ 放——放心、放輕鬆。
  - ㄕㄡ 收——收拾、收音機。
- 湯
  - ㄉㄤˋ 盪——盪鞦韆、動盪不安。
  - ㄉㄤˋ 蕩——放蕩、掃蕩。

解答參考

(一) A本習作解答參考：

1. (1)放、改 (2)湯、盪、盪 (3)陣、陳 (4)園、圓 (5)俠、夾 (6)論、輪。
2. (1)酸不酸 (2)盪呀盪 (3)暈不暈 (4)亮呀亮 (5)轉呀轉 (6)美不美 (7)跑呀跑。

(二) B本習作解答參考：

1. (1)晒一晒。

(2)掃一掃。爸爸把後院掃一掃。

(3)寫一寫。弟弟寫一寫功課後才看電視。

(4)打一打。哥哥打一打電腦，上網搜集一些資料。

(5)改一改。老師趁學生午睡時改一改作業簿。

2.

(1)黃昏時，螢火蟲一直在田裡飛來飛去。

(2)姐姐溫柔的樣子，好像善解人意的小天使。

(3)你知道嗎？新大陸是哥倫布發現的。

(4)幾年不見，表妹已經變成一個美少女了。

第十一課 洗碗

一、聆聽與說話

引起動機

㈠語文遊戲：誰說得好

1. 教師先舉例說明怎樣說？每組可以共同討論出五個句子，但只寫出上半句，由他組接下半句，並且有個限制。

2. 如第一組出五個上半句是：

①我買菜

②我穿衣

③我讀書

④我吃飯

⑤我穿鞋

3. 接下句的限制是如：我買[菜]，你吃[菜]。動詞吃和買不一樣，但最後一個字菜是一樣的。又如：我穿[衣]，你洗[衣]。

4. 接句規則說明清楚之後，各組開始設計五個句子，並書寫在書面紙上。

5.每一組的書面紙公布出來，然後各組推派一名同學上去寫。
6.哪一組的代表接的句子多，而且符合規定，分數當然最好。
7.最後由老師講評，並公布各組得分的成績。

(二)語文對話：

上一課的小小劇場是「孟母三遷」，學生在對話當中，可以知道孟母前後搬了幾次家？第一次住在墳墓旁，孟子學喪家拜墳的情形。第二次搬到市場附近，孟子學商人做買賣的樣子。孟母覺得不妥，再度搬家，最後搬到學校附近。孟子看見學子讀書，他也跟著讀書，終於成爲一個有學問的人。所以「孟母三遷」的故事，是強調環境對學習的重要。

講述大意

(一)概覽課文：以默讀方式，把課文讀一遍。

(二)提問以歸納大意：利用問題，指導學生練習歸納全文的意義。

1.祖母爲什麼不用洗衣機洗碗？
2.洗米水能夠把碗洗乾淨嗎？
3.常用什麼清潔劑，會污染下水道或河流？
4.作者說祖母是一個怎樣的人？

㈢內容大意：綜合各段的段落大意，說出全文的內容大意。

祖母用洗米水洗碗，洗得乾淨又亮晶晶，又不會污染下水道和河流，所以作者稱讚祖母是環保高手。

二、閱讀與識字

詞語教學

㈠學生課前預習，提出新詞，並查字辭典，了解新詞的意思。

㈡學生上課前提出新詞，老師請學生試念，並指導正確的發音和寫法。

㈢教師詢問學生對詞語的了解，若有特殊生字，也要加以指導。

㈣本課詞語指導：

1.洗碗：用水把碗洗乾淨。「洗」：用水除掉髒東西，如洗澡。比喻徹底改過自新，如洗心革面。

例句：我們家洗碗的工作，是由我和哥哥兩個人包辦的。

2.祖母：父親的母親稱祖母，也稱做「奶奶」。「祖」：父母親的上一輩，如祖父、祖母。自己的國家，如祖國。「母」：生育我的人，如母親。母親對子女的關心、照顧、保護等親情，如母愛。

例句：我的祖母住在南部鄉下，她包的粽子令我百吃不厭。

3.搖搖手：把手來回的擺動。「搖」：來回的移動，如擺動。可以左右搖動的嬰兒臥具，如搖籃。

例句：一歲多的小嬰兒會微笑，會搖搖手，模樣兒真可愛。

4.耗水：把水損失了。「耗」：減損，用去，如消耗。老鼠，如耗子。

例句：媽媽說哥哥洗澡最耗水，一再要哥哥節約用水。

5.乳白色：接近牛奶的顏色。「乳」：動物的奶汁，如母乳、牛乳。

例句：媽媽說我穿乳白色的衣服，看起來清清爽爽的。

6.剛剛：恰恰好的意思。「剛」：「柔」的反義字。指過去不久的時間，如：剛才。個性堅強，不怕困難和惡勢力，如剛強。

例句：你剛剛才吃了一個便當，怎麼現在又餓了?莫非是豬八戒來投胎的。

7.淘米：把米中的雜物洗掉。「淘」：去掉不好的，留下好的，如淘汰。頑皮，如淘氣。

例句：煮飯之前要先淘米，把米洗乾淨，才能煮一鍋香噴噴的飯。

8.留下來：不要離開的意思。「留」：不讓人離開，如挽留。主人送客時，客人請主人不要送，如：留步。

例句：姐姐爲了減肥，把早餐的麵包留下來當午餐。

9.亮晶晶：光彩、明亮的意思。「晶」：水晶的簡稱，是一種透明有閃光的礦石。光潔透明的樣子，如晶瑩。

例句：太陽出來了，照在水面上，閃動著亮晶晶的光彩，眞是美麗極了。

引導：九橫六直，有人不識，弟弟問哥哥，哥哥想了三天。——猜一字（晶）

10.污染：指工礦業排出的廢料對自然環境的破壞。「污」：不乾淨的水，如污水。「染」：著色，上顏色，如染色。本來指染東西的大缸，後來比喻不好的環境對人產生的影響，如染缸。

例句：這一條小河哭泣了，因爲人類把它污染得又臭又髒。

引導：九塊木頭在江中。——猜一字（染）

11.河流：地球表面較大的天然水流。「流」：流動的水，如流水。某一段時間內盛行的事，如流行。

例句：地球上有不少的河流，本來都是清澈見底，現在都被污染了。

12.比較：同類的事物相比。「較」：比高下，如較量。略微的勝負，如較勝一籌。

例句：這次考試，哥哥的成績比較進步，因爲在考前哥哥比弟弟用功多了。

生字教學

1.學生課前預查字音、字義、部首，並寫在A本習作上。

2.本課生字有：

①習寫字：

洗（水）部　祖（示）部　母（毋）部　搖（手）部　耗（耒）部

乳（乙）部　剛（刀）部　淘（水）部　留（田）部　晶（日）部

污（水）部　染（木）部　流（水）部　較（車）部

②認讀字：

餐（食）部　盤（皿）部

3.辨別特殊生字：

①「留」是「田」部首，和「水」部首的「流」有什麼不一樣呢？「留」大都指位置不變或保有的

意思，如留存、留下來。「流」是指位置改變或散開來的意思，如流逝、流傳。

②母字是「毋」部首，中間兩點是表示兩個「乳房」。

③染是「木」部首，不要寫成「水」部首。

三、閱讀與寫作

內容深究

㈠提出問題，師生共同討論。

1.文章理解的問題，請參考前面歸納大意的問題。

2.情意擴展的問題。

①你跟祖母一起做過什麼事嗎？

②你會自動幫媽媽洗碗嗎？

③有一句話說：「家中有一老，如同有一寶。」你同意嗎？

3.文意探索的問題。

①祖母爲什麼不喜歡用洗碗機？

②用洗米水洗碗，是奶奶發現的嗎？

③作者爲什麼稱讚奶奶懂得環保？

形式深究

㈠文體說明：

本課是一篇記敘文，敘述作者和祖母一起洗碗，奶奶教作者如何利用天然物來洗東西。

㈡段落安排：

1.第一段：祖母不用洗碗機，而用手洗碗。

2.第二段：祖母用洗米水洗碗，洗得亮晶晶的。

3.第三段：祖母說洗碗精或洗衣精，會污染下水道。

4.第四段：祖母會使用天然的東西，眞懂得環保。

㈢結構分析：

- 洗碗
  - 起因：作者和祖母洗碗。
  - 經過
    - 1.祖母不用洗碗機
    - 2.祖母用洗米水洗碗。
    - 3.茶油粉、黃豆粉也可以洗碗。
  - 結語：作者覺得祖母有環保概念。

這是一篇記敘文，敘述作者和祖母一起洗碗的情形，也等於祖母幫作者上了一節跟環保有關的課。洗碗不一定要用洗碗精，可以利用洗米水洗碗，不僅資源利用，又不會污染下水道，眞是一舉兩得。

㈣主旨說明：

吸收別人的經驗，是最好的學習。（經驗是花錢買不到的，有機會學習時，千萬不要放棄，像本文中的作者在祖母身上學到洗碗的方法，碗少用手洗，不必用洗碗機，不就省水、省電了嗎？洗米時的水可以留下來洗碗，不就是一種資源回收嗎？你看！光「洗碗」這件事就蘊藏了很多學問，所以在日常生活中，多看！多聽！一定可以學到別人許多寶貴的經驗。）

㈤修辭說明：

1. 並列句：

「又……又……」：洗碗機又耗水又耗電，我們用手洗吧！

坐捷運又快又省錢，我們去坐捷運吧！

2. 疊字詞：

①搖搖手、點點頭、彎彎腰、跳跳腳、拍拍手、動動腦。

②亮晶晶、白花花、黑漆漆、黃澄澄、綠油油、白皓皓、紅咚咚。

四、教學資料庫

語文補充

㈠ 俏皮話：

1.「白布掉染缸——洗也洗不清」

我們身上穿的衣服本來是白色，必須經過一番處理，才會變成別的顏色。如果我們讓一塊白布掉進染缸裡，如果染缸是藍色，那白布就被染成藍色，怎麼洗也洗不清了。所以這句俏皮話是說不容易洗清，也沒辦法消除嫌疑。

2.「狗拿耗子——多管閒事」

本來捉老鼠是貓的責任，現在由狗來捉老鼠，不是撈過界，多管閒事了嗎？所以這句俏皮話是形容多管閒事。

㈡ 介紹母親節的由來：

每年五月的第二個星期天，稱為母親節。是一九一九年美國加維斯女士發起的，原本是要安慰在第一次世界大戰中陣亡將士的母親，經基督教推廣，而普及全世界。因為加維斯女士的母親，生前非常喜歡康乃馨，因此就把「康乃馨」訂為「母親節的節花」。母親已經去世的子女，當天就配戴白色的花。而母親健在的人就配戴紅色的康乃馨，表示歡欣、喜悅。在中國代表母親的是萱草花，金黃色，含有忘憂的意思。

㈢ 詩歌欣賞：

搖搖搖，
一搖搖到外婆橋，
外婆叫我好寶寶。
糖一包，果一包，
還有餅兒還有糕，
吃了糕餅上學校。

㈣ 猜謎：

一個小孩，
胖胖又白白，
吃飽了飯，
屁股會朝上。
——猜一用器（碗）

九個太陽射下六個，

六張嘴巴雙雙成對，
問問老師什麼字？
老師想想說三日。
——猜一字（晶）

(五) 多音字：

洗
- ㄒㄧˇ 洗澡、洗刷。
- ㄒㄧㄢˇ 洗先生。

奇
- ㄑㄧˊ 奇怪、好奇。
- ㄐㄧ 奇數。

(六) 形近字：

宛
- ㄨㄢˇ 碗——洗碗、碗筷。
- ㄨㄢˇ 惋——惋惜。
- ㄨㄢˇ 腕——手腕、腕力。
- ㄨㄢˇ 豌——豌豆、豌豆苗。

分
- ㄈㄣˇ 粉——米粉、粉紅。
- ㄈㄣ 芬——芬芳、芬多精。
- ㄈㄣˋ 份——份量、幾份報紙。

乃
- ㄋㄞˇ 奶——奶瓶、牛奶。
- ㄖㄥˊ 仍——仍然、仍是。

解答參考

㈠ A本習作解答參考：

1. (1) ①ㄊㄠˊ：淘氣、淘米 ②ㄊㄠˊ：葡萄、葡萄園 ③ㄊㄠˊ：陶土、陶器。
(2) ①ㄍㄤ：剛剛、剛才 ②ㄍㄤ：鋼筆、鋼刀 ③ㄍㄤ：大綱、綱要。
(3) ①ㄗㄨˇ：分組、組長 ②ㄗㄨˇ：祖先、祖父 ③ㄗㄨˇ：阻止、阻力。
(4) ①ㄑㄧㄝˊ：番茄、茄子 ②ㄎㄚ：咖啡、咖啡因 ③ㄐㄧㄚˋ：架子、架構。

2. (1) ①我在草地上發現一隻受傷的蝴蝶。
②電燈是愛迪生發明的。
(2) ①這座公園的景物都是天然的，沒有經過人工設計的。
②他不肯用功讀書，成績自然不會理想。
(3) ①我今天有事，改天再去拜訪你。

②明天一起去游泳好嗎？

(4)①我跟著你做事，會得到什麼好處嗎？

②春天來了，山上到處都開滿鮮花。

(二)B本習作解答參考：

1. (1)車 (2)蟲 (3)晶 (4)品 (5)直 (6)金。

2. 計較、狡猾、皎潔、摔跤、郊外、水餃、學校。

第十二課 美麗的山

一、聆聽與說話

引起動機

㈠語文遊戲：最美麗的回憶

1.目的：讓學生學習經驗分享，與人溝通的能力。

2.方法：

①請學生發表自己旅遊的經驗。

②老師發給學生每人一張紙。讓學生畫出旅遊中，自己認爲最美的地方。

③在圖畫裡，可以加上文字敘述，寫出這個地方的特色。

④上臺報告之後，這些「圖文並茂」的圖畫，可以張貼出來，供大家欣賞和觀摩。

㈡語文對話：

上一課的小小劇場是「周處除三害」，學生在對話當中，可以知道怎樣的動物或人會對人造成害處？如第一害是南山的老虎，牠會把路過的人吃掉。第二害市長橋下的巨蛟，會把過往的船隻翻覆。第三害就是周處自己，他會欺負鄉民。周處幫鄉民除掉兩害，剩下一害，他如何除掉呢？只好遠走他鄉，重新做人了。這個地方可以讓學生發表意見，到底周處該怎樣「除掉」自己？

講述大意

㈠概覽課文：以默讀方式，把課文讀一遍。

㈡提問以歸納大意：利用問題，指導學生練習歸納全文的意義。

1. 假日，全家去哪裡？
2. 在山上，他們看到怎樣的風景？
3. 爲什麼說山是一座有味道的山？
4. 媽媽爲什麼笑了？

㈢內容大意：綜合各段的段落大意，說出全文的內容大意。

假日，作者一家人到山上玩。他們被山擁抱了，看到山下的風景。在茶園採茶、喝茶。下雨了，山美麗得像當新娘子的媽媽，使媽媽笑了。

二、閱讀與識字

詞語教學

㈠學生課前預習，提出新詞，並查字辭典，了解新詞的意思。
㈡學生上課前提出新詞，老師請學生試念，並指導正確的發音和寫法。
㈢教師詢問學生對詞語的了解，若有特殊生字，也要加以指導。
㈣本課詞語指導：

1.周圍：四周，環繞中心的部分。「周」：四周，周圍，如周遭。一次又一次不停的循環，如：周而復始。「圍」：四周包住，裡外不通，如：包圍、圍攻。工作時穿在身上保護衣服或身體的東西，如：圍裙。

例句：我的家周圍都是工廠，機器一開動，吵得大家雞飛狗跳啊！

2.擁抱：抱在一起。「擁」：人很多，密集在一起，如：擁擠。支持並贊成，如擁護。

例句：我跟堂姐好久不見了，我們一見面就親熱的擁抱在一起。

3.喔依：學習影片中泰山發出的聲音。「依」：按照，如：依照。非常留戀，捨不得離開，如：依依不捨。

例句：弟弟把泰山當偶像，還學泰山「喔依！喔依！」的叫。

4.泰山：本課的泰山，是指生活在森林中，跟動物爲伴，並能指揮動物的人猿。「泰」：舒適安定，如：泰平。安閒自在，從容不迫，如泰然自若。

例句：古人是以「泰山」來形容所敬仰的人，所以你不要有眼不識泰山。

引導：見了岳父問貴姓。——猜一句俗話（有眼不識泰山）

5. 風景：由山水花草建築物以及某些自然現象形成，可以供人欣賞的景象。「景」：風光，如風景。尊敬、仰慕，如景仰。

例句：山頂上的風景很奇特，好像一伸手可以摸到天似的。

6. 遍地：到處都是。「遍」：全部的，如滿山遍地。形容受傷很重，如：遍體鱗傷。

例句：春天到了，遍地百花盛開，令人目不暇給。

7. 排列：按照先後次序排得整齊。「列」：橫排叫列。一項一項的舉出來，如：列舉。

例句：這一排的白千層排列得很整齊，好像站崗的衛兵一樣。

引導：「列」有安排的意思，和「例」用法不一樣，「例」是有式樣的意思。

8. 整齊：有秩序，不凌亂。「整」：使事物有秩序，如：整隊、整頓。既整齊又清潔，如：整潔。「齊」：很有秩序，如：整齊。各方面同時跟進，如：齊頭並進。

例句：姐姐的房間很整齊，而弟弟的房間就亂七八糟的。

9. 「摘」：用手取下來，如：摘下來。把重要的部分取出，如：摘要。

例句：校園裡的花是供大家欣賞，你不可以隨便摘花。

10. 一層：單位量詞，如：五層樓或一層一層的山。「層」：重疊，重複，連續不斷，如：層出不窮。事物有秩序，有條理，如：層次井然。

例句：我家住在大廈的第一層樓，根本不用坐電梯，非常方便。

11. 薄紗：輕薄又透明的細絲。「薄」：「厚」的反義字，如薄片、薄紙。命運不好，如薄命。「紗」：用麻或棉紡成的細絲，如棉紗、麻紗。用棉紗織成的疏鬆布料，大部分用來包紮傷口，如紗布。

例句：用薄紗做成的窗簾，會隨風輕輕擺動，使整個房間像仙境一樣。

生字教學

1. 學生課前預查字音、字義、部首，並寫在A本習作上。

2. 本課生字有：

①習寫字：

周（口）部　圍（囗）部　擁（手）部　依（人）部　泰（水）部

景（日）部　遍（辵）部　列（刀）部　整（攴）部　齊（齊）部

摘（手）部　層（尸）部　薄（艸）部　紗（糸）部

②認讀字：

猿（犬）部　揉（手）部　娘（女）部　偷（人）部

3. 辨別相似字：

①周圍的「周」是「口」部首，和「辵」部首的「週」有什麼不同？它們有許多地方可以通用，如「週年」可以寫成「周年」。「四周」可以寫成「四週」。但朝代和姓，不可以寫成「週」朝，「周

濟」也不可以寫成「週濟」。

②摘下來的「摘」是「手」部首，右邊是「啇」不要寫成「商」。

③薄紗的「薄」是「艸」部首，簿本的「簿」是「竹」部首，不要弄錯了。

二、閱讀與寫作

內容深究

(一)提出問題，師生共同討論。

1.文章理解的問題，請參考前面歸納大意的問題。

2.情意擴展的問題。

①你說：「我們被山包圍了」，是什麼意思？

②你爲什麼學泰山大叫呢？

③假日，你和家人常到哪裡爬山？

3.文意探索的問題。

①「擁抱山」和「被山包圍了」有什麼不同？

②妹妹從山上往下看，有什麼感受？

③發生了什麼事，使媽媽開心的笑了？

形式深究

㈠ 文體說明：

本課是一篇記敘文，敘述作者利用假日，和全家人去爬山，把所看到的，所聽到的，所聞到的，所感受到的寫出來。

㈡ 段落安排：

1. 第一段：假日，全家去爬山。
2. 第二段：作者和家人被山包圍了。
3. 第三段：妹妹說山下的風景真好看。
4. 第四段：全家在茶園喝茶，看看雨景。

㈢ 結構分析：

上山採茶
- 開頭：假日，全家去爬山。
- 山上風景
  - 1. 可以擁抱群山。
  - 2. 茶園採茶、喝茶。
  - 3. 雨中的山，蒙著一層薄紗。

結語：媽媽開心笑了，山也跟著笑了。

這是一篇記敘文，敘述作者和全家一起去爬山的情形。爬上了山，到茶園採茶，還在一家茶館一邊喝茶一邊欣賞雨景，還把家人之間的互動都描述出來，特別的吸引人。尤其是結尾，把媽媽逗笑了，整個山也笑了，讀起來多感人。

㈣ 主旨說明：

爬山是一種休閒活動，也是最好的學習。有人說大自然就像一本書，只要你願意，隨手一翻，都可以得到一些寶貴的認知或啓示。如課文中的作者爬上山，可以感受到「我們被山包圍了！」到茶園去，讓人體的感覺器官能夠發揮，「看」雨景，「聽」雨聲，「聞」茶葉香，「喝」茶，「揉」一片茶葉，「感受」到雨中的山是那麼美麗。爬這一趟山，作者是不是學到很多東西？

㈤ 修辭說明：

1. 譬喻修辭：

「……像……」：雨中的山，穿著一層薄薄的紗，美麗得像當新娘時的媽媽。

雨中的草原，雨珠滾來滾去，美麗得像一塊珍珠地毯。

「……好像……」：我對著山大聲的叫著：「喔伊！喔伊！」好像人猿泰山一樣的神氣。

弟弟得獎了，頭昂得高高的，好像一隻神氣的企鵝。

四、教學資料庫

語文補充

(一) 笑話欣賞：

1. 跟「薄」有關的笑話之一：

王安石是宋朝的大文學家。他被罷官之後，就回到家鄉江寧居住。有一天，王安石到山上走一走，途中遇到幾個年輕書生，他們在一起說古談今，誦文讀史，彷彿他們是全天下最有學問的人。王安石覺得有趣，便在一旁坐下。其中一個書生看見了，很神氣的問王安石：

「老頭子，你也懂得書嗎？」

「不懂！不懂！」王安石很謙虛的回答。

「你姓什麼？叫什麼？」另外一個書生問著。

「老夫叫王安石。」

那些淺薄無知的書生一聽，個個都嚇呆了！沒想到眼前這個不引人注意的老頭子，竟然是當代有名的政治家、文學家。

2. 跟「薄」有關的笑話之二：

有一家賣酒的小店要收攤了，一個客人才匆匆忙忙要來買酒。店主人不肯開門，對客人說：

「你把錢從門縫裡塞進來好嗎？」

「你的酒也能從門縫裡送出來嗎？」客人很好奇。
「你放心，我賣的是『薄』酒啊！」

㈡ 詩歌欣賞：

一二三四五六七，
七六五四三二一。
七個阿姨來摘果，
七個花籃手中提，
七個果子有七樣：
蘋果、桃子和石榴，
柿子、李子、梨子和櫻桃。

㈢ 猜謎：

千根竹竿萬根線，
掉到河裡就不見。
——猜一種自然現象（下雨）

走路形色匆匆，

一向無影無蹤，
夏天沒它難過，
冬天有它傷風。
——猜一種自然現象（風）

(四) 多音字：

薄
- ㄅㄛˊ 薄紗、單薄。
- ㄅㄛˋ 薄荷。

(五) 形近字：

申
- ㄕㄣˊ 神——精神、神氣。
- ㄕㄣ 伸——伸手、伸長。
- ㄕㄣ 紳——紳士、鄉紳。
- ㄕㄣ 呻——呻吟。

君
- ㄑㄩㄣˊ 群——一群、人群。
- ㄑㄩㄣˊ 裙——長裙、褲裙。

薄
- ㄅㄛˊ 薄——薄紗、很薄。
- ㄅㄨˋ 簿——簿本、習作簿。

曾
- ㄘㄥˊ 曾——曾經、曾子。
- ㄘㄥˊ 層——一層、層次。

扁
- ㄅㄧㄢˋ 遍——遍地、遍布。
- ㄆㄧㄢ 偏——偏心、偏愛。
- ㄆㄧㄢ 篇——一篇、篇章。
- ㄆㄧㄢˋ 騙——欺騙、騙局。
- ㄆㄧㄢ 翩——翩翩、翩然。
- ㄅㄧㄢˇ 扁——扁形、扁擔。

解答參考

(一) A本習作解答參考：

1. (1)圍：我的學校周圍都是商店，顯得很熱鬧。
(2)擁：看見好久不見的朋友，來個熱情的擁抱吧！

(3)泰：影片中的泰山，長得健康又帥氣。
(4)齊：今天的值日生，把桌椅排得很整齊。
(5)薄：夏天穿薄紗的衣服，看來很清涼。
(6)列：弟弟把積木排列成一座長長的橋。

2. (1)書店、書 (2)森林、樹木 (3)兒童樂園、遊樂器材。

3. (1)一件件、衣服、很好看 (2)一雙雙、襪子、像一座山 (3)一個個、花燈、很吸引人。

㈡ B本習作解答參考：

1. (1)春假、放假 (2)假如、眞假。

2. (1)抱著。
(2)吃飽、飽食終日。
(3)泡澡、氣泡。
(4)放炮、炮火連天。

3. (1)有許多小鳥從早到晚吱吱喳喳的唱著歌。
(2)三三兩兩的白鵝，在一條清澈的小河上，自在又逍遙的游水。
(3)一大早，在茶園裡採著春茶的人，有許多大人和小孩。

Memo

Memo

Memo

Memo

國家圖書館出版品預行編目資料

（全新版）華語教學指引／蘇月英總主編. --臺初版. --臺北縣新店市：流傳文化，民93-
冊；公分

ISBN 986-7397-03-7（第5冊：平裝）

1.中國語言 - 讀本

802.85 93003023

【全新版】華語教學指引第五冊

總 主 編：蘇月英
編撰委員：蘇月英、李春霞、胡曉英、詹月現、蘇 蘭
吳建衛、夏婉雲、鄒敦怜、林麗麗、林麗真
指導委員：信世昌、林雪芳
責任編輯：李金瑛
封面設計：陳美霞
發 行 人：曾高燦
出版發行：流傳文化事業股份有限公司
地 址：台北縣(231)新店市復興路43號4樓
電 話：(02)8667-6565
傳 真：(02)2218-5221
郵撥帳號：19423296
http://www.ccbc.com.tw
E-mail:service@ccbc.com.tw
香港分公司◎集成圖書有限公司 - 香港皇后大道中283號
聯威商業中心，8字樓C室
TEL：(852)23886172-3・FAX：(852)23886174
美國辦事處◎中華書局 - 135-29 Roosevelt Ave. Flushing, NY 11354 U.S.A.
TEL：(718)3533580・FAX：(718)3533489
日本總經銷◎光儒堂 - 東京都千代田區神田神保町一丁目五六番地
TEL：(03)32914344・FAX ：(03)32914345

出版日期：西元2004年11月臺初版(50029)
西元2005年3月臺初版二刷
印 刷：世新大學出版中心

分類號碼：802.85.018
ISBN 986-7397-03-7

定價：110元